Llyfrgelloedd Caerdydd
www.caerdydd.gov.uk/llyfrgelloedd
Cardiff Libraries
www.cardiff.gov.uk/libraries

Cwrs Mynediad

Cwrs dechreuol
i oedolion sy'n
dysgu Cymraeg

*A beginners'
course for adults
learning Welsh*

Fersiwn y De
South Wales Version

Elin Meek

Cyhoeddwyd gan CBAC
Cyd-bwyllgor Addysg Cymru
Published by the WJEC
Welsh Joint Education Committee

Yr Uned Iaith Genedlaethol,
CBAC, 245 Rhodfa'r Gorllewin,
Caerdydd CF5 2YX
The National Language Unit,
WJEC, 245 Western Avenue,
Cardiff CF5 2YX

Argraffwyd gan Wasg Gomer
Printed by Gomer Press

Argraffiad cyntaf: 2005
Ail argraffiad: 2007
Trydydd argraffiad: 2010
Pedwerydd argraffiad: 2014

First impression: 2005
Second impression: 2007
Third impression: 2010
Fourth impression: 2014

ISBN 978 1 86085 610 5

Noddir gan
Lywodraeth
Cynulliad Cymru
Sponsored by
Welsh Assembly
Government

Cydnabyddiaeth
Acknowledgements

Awdur: *Author:*	Elin Meek
Golygydd: *Editor:*	Glenys Mair Roberts
Dylunydd: *Designer:*	Olwen Fowler
Rheolwr y Project: *Project Manager:*	Emyr Davies
Awdur yr Atodiad i Rieni: *Author of the Appendix for Parents:*	Carole Bradley

Lluniwyd y darluniau ar y tudalennau canlynol
gan Brett Breckon:
   The illustrations on the following pages are by Brett Breckon:
tud./*pp.* v, 1, 8, 31, 76, 78, 87, 97, 104, 111, 114, 120,
161, 170, 178, 207, 210.

Lluniwyd y darluniau eraill gan Huw Vaughan Jones.
   Other illustrations are by Huw Vaughan Jones.

Mae'r cyhoeddwyr yn ddiolchgar i'r canlynol
am ganiatâd i ddefnyddio'r ffotograffau:
   The publishers are grateful to the following
   for permission to use photographs:
Western Mail Cyf.   tud./*pp.* 37, 40, 56, 65, 150, 160.
Associated Press   tud./*pp.* 20, 130.
Bwrdd Croeso Cymru   tud./*pp.* 91, 168, 170,
                                   (a'r llun o'r Wyddfa ar y clawr /
                                   and the picture of Snowdon on the cover)
BBC   tud./*p.* 134.

Tynnwyd y ffotograffau eraill gan:
   Other photographs were taken by:
Mark Johnson, Pinegate Photography

Nodyn / *Note*
Mae hwn yn gwrs newydd sbon, felly croesewir sylwadau
gan ddefnyddwyr, yn diwtoriaid ac yn ddysgwyr. Anfonwch
eich sylwadau drwy e-bost at: lowri.morgan@cbac.co.uk, neu
drwy'r post at: Lowri Morgan, Yr Uned Iaith Genedlaethol,
CBAC, 245 Rhodfa'r Gorllewin, Caerdydd CF5 2YX.
   This is a brand new course, so we would welcome any
   comments from users, whether tutors or learners. Send
   your comments by e-mail to: lowri.morgan@cbac.co.uk,
   or by post to: Lowri Morgan, The National Language Unit,
   WJEC, 245 Western Avenue, Cardiff CF5 2YX.

Cyflwyniad
Introduction

Cwrs Mynediad is the first part of a three-level course that will help you to speak and understand Welsh. There are different versions for learners living in north and south Wales. It has been designed for groups of learners who meet in classes once a week, or on more intensive courses.

Cwrs Mynediad is made up of 30 units to be used in class with your tutor, including a revision unit every five units. The new patterns are shown in boxes and activities follow which help you to practise these patterns in class. There are vocabulary and grammar sections in each unit which are summarized at the end of each revision unit, as well as checklists for you to see how you are progressing. A separate *Pecyn Ymarfer* or *Practice Pack* is available, with tasks and exercises to help you revise at home. There are also CDs or cassettes accompanying the course, which will help you revise each unit through repetition and various exercises. The best advice is to use what you learn as soon as possible, with other learners, your tutor and others.

Two appendices are included at the end of the main course book. The first is for learners who are learning in their workplace. The second is for parents with children under five years old, who are learning with their children. Your tutor will select parts of these appendices, if they're relevant to the group, and use them in class. Otherwise, you can try them out for yourself.

At the end of the course, you will be ready to sit an exam, called *Defnyddio'r Gymraeg: Mynediad*. You don't *have* to sit an exam if you're following the course, but it does give you something to aim for. It is an accredited Entry Level qualification, and you should be able to take the different tests at a centre near you.

Learning a language is all about contact time – having as much contact with the language as possible, through listening, reading, speaking or writing. There are plenty of opportunities through radio, TV, magazines for learners, weekend courses and so on. Be aware of all the Welsh you see and hear around you. One particular member of a class I once taught took this 'contact time' business so seriously that he eventually became my husband! Learning Welsh is fun, but it does also demand a degree of commitment – the more you put into it, the more you'll get out of it.

Elin Meek

A Hitch Hiker's Guide to Learning 'Cymraeg'

1. Don't panic.

2. It is definitely not like learning languages at school. Expect to participate, play games and make a complete fool of yourself.

3. Grammar. Assume that the tutor is an idiot and knows nothing about grammar: he/she won't expect you to. Anyway, you've come to learn to speak Welsh, not to learn about grammar.

4. How to really annoy your tutor: (i) ask questions about grammar, (ii) write during oral/aural practice, (iii) have your nose in a dictionary throughout the lesson.

5. At some point, the tutor will have obstinately abandoned English virtually completely. Refer back to Point 1.

6. Remembering. Some people can remember things quickly, some people can't.

7. Frustrations. Experienced 'dysgwyr' talk about 'bridges' and 'plateaux'. This has nothing to do with geography, but that learners go through alternating periods of sinking/going backwards/going mad and of feeling on top of things. Remedy: large gin and tonic.

8. Don't expect too much too soon. Having mustered enough courage to talk to a native, you will probably face a completely incomprehensible torrent. Again refer to Point 1.

9. How to really please your tutor: (i) speak Welsh to each other, (ii) speak Welsh to other people. Pair work is there to help you learn the patterns, not to give you time to exchange the latest gossip in English.

10. Say everything you can say in Welsh. Think in terms of what you **can** say rather than what you **would like** to say. If this means adapting your lifestyle so that you only do the things that you can talk about, so be it.

11. Dialect. The tutor will be enabling you to communicate with the locals and therefore will teach you local words and phrases. Rumours that Gogs/North Walians /Tibetans speak a completely different language are untrue. Be prepared for slight variations though.

12. Treigladau. Otherwise known as 'mutilations'. Learners find these strange at first, but they are not difficult, if you learn from examples. Welsh could change a tomato into 'domato', 'nhomato' and 'thomato' long before anyone heard of genetically modified food.

13. English words in Welsh. Welsh speakers can lean heavily on the English language – they stick an 'o' at the end of a word, and Hey Presto! A Welsh verb! They are not unique. Just you try speaking English avoiding the Latin or French borrowings.

14. Homework. This is usually given to reinforce aural/oral work. Getting it all right does not receive half as many brownie points as the tips in clause 9. of your guide.

15. Remembering. Link a pattern or phrase to something you already know, e.g. *Mae hi'n braf:* think of fine weather on the Costa **Brav**a. Also useful for remembering mutilations, e.g. Think of **Llan**elli **l**osing (ll > l).

16. Look after your fellow victims: if someone's absent, ask the tutor for worksheets, or/and give them a ring – it could avoid dropping out. Frustrations shared are often lessened.

17. Find someone to practise with. Spouses, children and neighbours do have their uses – the family pet often makes a sympathetic listener. Talking out loud to yourself can also be very useful, especially if you sit in front of a mirror. You might even answer yourself back!

18. Essentially, the tutor can't *teach* you anything. This does not necessarily mean that he/she can't do his or her job, but that achievement is directly linked to the commitment and application of the individual learner – how much he or she uses Welsh outside the classroom walls.

Cynnwys

Cwrs Mynediad: Uned 1

Nod: Ynganu *Pronunciation*

1. The Alphabet

Ymarfer gyda'r tiwtor
> *Practise with the tutor*

a	mam	*always as in ambulance*
b	mab	
c	car	*always hard as in the English could, never as in the English cerise*
ch	chi	*gargling sound, like the Scottish loch or the German Aachen*
d	da	
dd	dda	*said as the th in the and heather*
e	de	*always open as in hen, but not as in demand*
f	saf	*said as the v in very*
ff	saff	*said as the ff in different*
g	gan	*always hard as in gone, never as in general*
ng	ing	*as in sing*
h	hon	
i	ci	*as in sink or the English ee in meek, never as in slime*
j	garej	
l	lan	
ll	lle	*prepare to say l, then blow really hard making a sound like a dentist's suction pipe, but blowing out!*
m	man	
n	ni	
o	to, toc	*as in door and orange, never as in old*
p	pen	
ph	phen	*as in physics*
r	car	*rolled much more than in English – think lawn mowers and old-fashioned phones*

rh	rhif	*a more breathy **r**, without the voice*
s	saff	
	siop	***si**- is pronounced as sh in English, but the Welsh word **si** on its own is pronounced as the English sea, or the Spanish si.*
t	ti	
th	beth	*as in **things***
u	uno,	
	pump	*as in tree, **pimp***
w	pwll	*as in **blue** or **cool***
y	dyn	*as in Dean*
	llyn	*as in the English **tin***
	Cymru	*as in **up***
	y, yr, yn,	
	dy, fy	*also as in **up***

- **ch**, **dd**, **ff**, **ng**, **ll**, **ph**, **rh**, **th** *are **one** letter in Welsh, so the word **lleng** would fit into 3 squares in a crossword.*

2. Ymarfer llafariaid

Practise your vowels

If there is a circumflex (^) on a vowel, keep it going a bit longer:

da	*good*		can	cân
de	*south*		her	sêr
do	*yes*		mor	môr
du	*black*		pwn	sŵn
dy	*your*		llyn	Llŷn

3. Ymarfer dwy sain

Practise two sounds

cofi	coffi	llon	llong	dyn	dynion
bedd	beth	Gwyneth	Gwynedd	sych	sychder
dal	dall	nodi	noddi	pys	pysgod
iâ	iâr	dallu	dathlu	dydd	dyddiau
saf	saff	yr ardd	yr arth	llys	llysiau
fi	ffi	crafu	craffu	byd	bydol
ofer	offer	dur	dŵr		
				hynny	ymyl
				ynys	yfory
				dyffryn	ysbyty

4. Combined vowels or diphthongs

Practise these with your tutor -
are you feeling like a parrot yet?

- **ai**, **ae**, *and* **au** *as in the English aisle*
    - craig
    - aur
    - traed

- **aw** *as in the English cow*
    - cawr
    - mawr

- **eu**, **ei** *and* **ey** *as in the English say*
    - creigiau
    - euraid
    - Gwrtheyrn

- **oe**, **oi** *and* **ou** *as in the English boy*
    - oed
    - rhoi
    - cyffrous

- **ow** *as in the English own*
    - brown

- **wy** *as in the American English hooey*
    - bwyd

 Gyda phartner

With a partner

Say each of these in turn, then start again with the other partner going first this time:

1. mawr	6. lleyg	11. tawdd	16. dreigiau
2. troes	7. hwylio	12. neis	17. draig
3. mwy	8. bloedd	13. Duw	18. sain
4. brown	9. craig	14. mewn	19. cyffrous
5. main	10. owns	15. troir	20. mawn

5. Geiriau hir – ble i roi'r acen

Long words – where do you put the accent?

Mae'r acen fel arfer ar **y sillaf olaf ond un**.

*The accent is usually on **the last syllable but one**.*

Ymarfer gyda'r tiwtor, wedyn gyda phartner:

Practise with the tutor, then with a partner:

cymylog	tywyllwch	penderfynu	crochenwaith
dibynnu	meddygfa	mabolgampau	eliffantod
cymysgu	llygoden	Aberystwyth	cricedwr

Cwrs Mynediad: Uned 1

Enwau lleoedd

Place-names

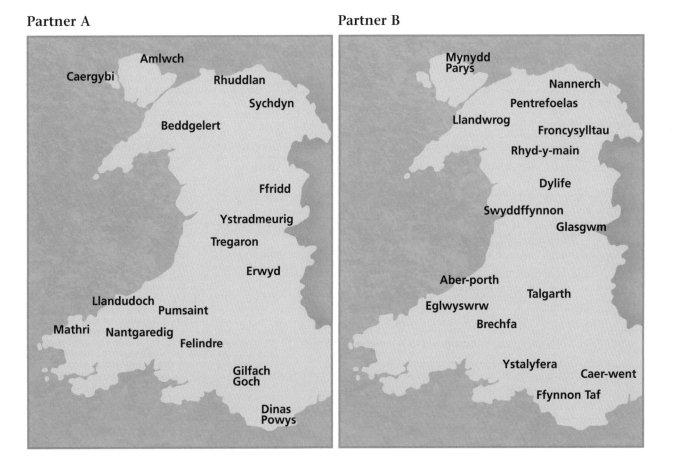

Gyda phartner

With a partner

Mae dau fap gwahanol o Gymru gyda Phartner A a Phartner B. Partner A i ddewis enw lle a'i ddweud e, yna Partner B i chwilio am enw'n dechrau â'r un llythyren a'i ddweud e.

Partners A and B have two different maps of Wales. Partner A chooses a place-name and says it; Partner B has to look for a name starting with the same letter and say it.

Partner A

Amlwch
Caergybi
Rhuddlan
Sychdyn
Beddgelert
Ffridd
Ystradmeurig
Tregaron
Erwyd
Llandudoch
Pumsaint
Mathri
Nantgaredig
Felindre
Gilfach Goch
Dinas Powys

Partner B

Mynydd Parys
Nannerch
Pentrefoelas
Llandwrog
Froncysylltau
Rhyd-y-main
Dylife
Swyddffynnon
Glasgwm
Aber-porth
Talgarth
Eglwyswrw
Brechfa
Ystalyfera
Caer-went
Ffynnon Taf

Arwyddion

Signs

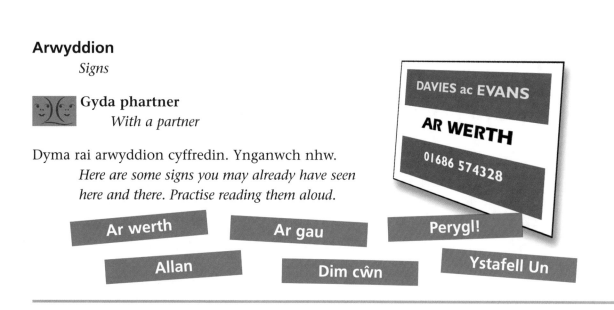

Gyda phartner
With a partner

Dyma rai arwyddion cyffredin. Ynganwch nhw.
*Here are some signs you may already have seen
here and there. Practise reading them aloud.*

DAVIES ac EVANS
AR WERTH
01686 574328

Ar werth   Ar gau   Perygl!

Allan   Dim cŵn   Ystafell Un

Y Prawf Terfynol

The Ultimate Test

Gyda phartner
With a partner

Dyma eiriau Cymraeg sydd hefyd yn eiriau Saesneg. Ynganwch nhw fel geiriau **Cymraeg**!
*Here are some Welsh words which are also words in English.
Pronounce them as **Welsh** words!*

1. partner	**2.** angel	**3.** Euros
4. cell	**5.** faint	**6.** pump
7. union	**8.** paid	**9.** truth
10. bun	**11.** allan	**12.** gem
13. march	**14.** campus	**15.** afraid
16. her	**17.** hurt	**18.** person
19. murmur	**20.** dull	**21.** dawn
22. sail	**23.** toes	**24.** draw
25. haul		

Have fun going over this unit before the next lesson!

Cwrs Mynediad: Uned 2

Nod: Cyfarch a chyflwyno, Rhifo 0-10, Dyddiau'r wythnos
Greetings and Introductions, Counting from 0-10, Days of the Week

1. **Cyfarchion** / *Greetings*

Sut mae?	*How are things/you?*
Bore da	*Good morning*
Prynhawn da	*Good afternoon*
Noswaith dda	*Good evening*
Hwyl / Da boch chi	*Goodbye*

Gyda phartner

Pa gyfarchiad?

Which greeting would you use at these different times of day?

| 8.00 a.m. | 7.00 p.m. | 2.30 p.m. | 8.30 p.m. |
| 10.00 a.m. | 9.30 p.m. | 11.05 a.m. | 4.00 p.m. |

2. **Pwy dych chi?** — *Who are you?*

_____ dw i	*I'm _____*
Braf cwrdd â chi	*Nice meeting you*

3. **Sut dych chi?** — *How are you?*

Da iawn, diolch	*Very well, thank you*
Iawn	*Fine*
Go lew / Gweddol	*O.K., Not bad*
Wedi blino	*Tired*
Ofnadwy	*Terrible*

Tasg i'r dosbarth   Gofynnwch i 4 person

Ask 4 people

Pwy dych chi?	Sut dych chi?
1.	
2.	
3.	
4.	

4.   **Rhifo** / *Counting*

0	-	dim
1	-	un
2	-	dau
3	-	tri
4	-	pedwar
5	-	pump
6	-	chwech
7	-	saith
8	-	wyth
9	-	naw
10	-	deg

Grid Bingo

Ysgrifennwch dri rhif o 0 - 10 yn y grid a gwrandewch ar eich tiwtor yn galw'r rhifau.

Write three numbers from 0 - 10 in the grid and listen to your tutor calling out the numbers.

Gwneud sỳms!

Rhowch yr ateb i'r symiau yn Gymraeg.

Give the answer to the sums in Welsh.

1. $4 + 5 =$ _____

2. $8 - 2 =$ _____

3. $3 + 4 =$ _____

4. $8 - 6 =$ _____

5. $5 + 3 =$ _____

6. $4 + 6 =$ _____

7. $9 + 2 - 11 =$ _____

5. **Dyddiau'r wythnos** / *Days of the week*

Dydd Sul	*Sunday*
Dydd Llun	*Monday*
Dydd Mawrth	*Tuesday*
Dydd Mercher	*Wednesday*
Dydd Iau	*Thursday*
Dydd Gwener	*Friday*
Dydd Sadwrn	*Saturday*

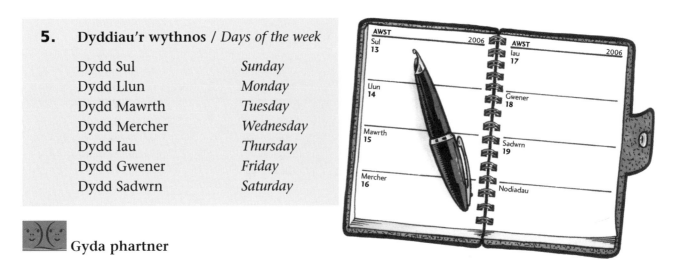

Gyda phartner

Yn eich tro, dwedwch ddyddiau'r wythnos mewn trefn, gan ddechrau gyda dydd Sul.

Take it in turns to say the days of the week in order, starting with Sunday.

Dydd Gwener   Dydd Mawrth   Dydd Iau

Dydd Llun

Dydd Mercher

Dydd Sadwrn   Dydd Sul

Deialog

A: **Bore da**. Pwy dych chi?

B: **Siân** dw i. Pwy dych chi?

A: **Huw** dw i. Sut dych chi, **Siân**?

B: **Wedi blino**. Sut dych chi?

A: **Da iawn**. Braf cwrdd â chi. Hwyl!

B: Hwyl!

Ewch dros y ddeialog gyda'ch partner, yna newidiwch y geiriau sydd mewn **llythrennau trwm**, er enghraifft:

*Practise the dialogue with your partner, then change the words in **bold letters**, for example:*

A: **Prynhawn da**. Pwy dych chi?

B: **John** dw i. Pwy dych chi?

A: **Carol** dw i. Sut dych chi, **John**?

B: **Go lew.** Sut dych chi?

A: **Ofnadwy**. Braf cwrdd â chi. Hwyl!

B: Hwyl!

Cwrs Mynediad: Uned 3

Nod: Gofyn am wybodaeth sylfaenol a'i rhoi *Asking for and giving basic information*

1. **Beth yw'ch enw chi?** *What's your name?*
   Huw dw i   *I'm Huw*
  Gareth dych chi?   *Are you Gareth?*
   Ie / Nage   *Yes/No*

2. **Beth yw'ch rhif ffôn chi?** *What's your phone number?*
   Caerdydd 567 900   *Cardiff 567 900*

Holwch am enw a rhif ffôn hyd at 5 o bobl.
   Ask for the name and phone number of up to 5 people.

	Enw	Rhif ffôn
Person 1		
Person 2		
Person 3		
Person 4		
Person 5		

3. **Ble dych chi'n byw?** *Where do you live?*

    Dw i'n byw yn Abertawe   *I live in Swansea*

    Dw i'n byw ar bwys Llanbed   *I live near Lampeter*

    Dych chi'n byw yn Aberystwyth? *Do you live in Aberystwyth?*

    Ydw / Nac ydw   *Yes/No*

    Dw i ddim yn byw yn Hirwaun *I don't live in Hirwaun*

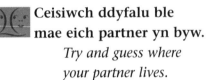 **Ceisiwch ddyfalu ble mae eich partner yn byw.**

    Try and guess where your partner lives.

'Dych chi'n byw yn Aberystwyth?'

'Ydw, dw i'n byw yn Aberystwyth'

neu

'Nac ydw, dw i ddim yn byw yn Aberystwyth'

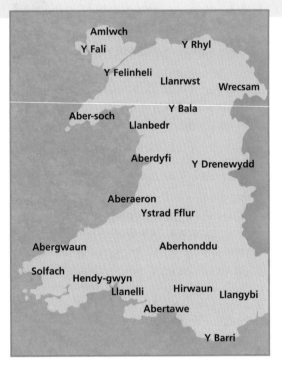

4. **O ble dych chi'n dod yn wreiddiol?** *Where do you come from originally?*

    Dw i'n dod o Bontypridd   *I come from Pontypridd*

    Dw i'n dod o Loegr   *I come from England*

Don't worry about the letter changes at the beginning of words for now, e.g. o Bontypridd.
*These will be explained later. Learn what **you** need to say.*

5. **Beth dych chi'n wneud?** *What do you do?*

    Athrawes dw i   *I'm a teacher (female)*

    Mecanic dw i   *I'm a mechanic*

    Gŵr tŷ dw i / Gwraig tŷ dw i *I'm a house husband / I'm a housewife*

    Dw i wedi ymddeol   *I'm retired*

    Dw i'n ddi-waith   *I'm unemployed*

6. **Ble dych chi'n gweithio?** *Where do you work?*

    Dw i'n gweithio mewn siop   *I work in a shop*

    Dw i'n gweithio yn y banc   *I work in the bank*

    Dw i'n gweithio yn Tesco   *I work in Tesco*

    Dw i'n gweithio fel actor   *I work as an actor*

    Dw i'n gweithio i M&S   *I work for M&S*

Holiadur

Ewch o gwmpas y dosbarth er mwyn llenwi'r grid.

    Go around the class to fill in the grid.

Enw?	Gethin					
Rhif ffôn?	209887					
Byw?	Gorseinon					
O ble?	Caerdydd					
Gweithio?	Banc					

Deialog

A: Wel, helo, sut dych chi?

B: **Da iawn**, diolch.

A: Dych chi'n byw **yn Aberhonddu** nawr?

B: Nac ydw. Dw i'n byw **yn Llanelli**.

A: Beth dych chi'n wneud nawr?

B: Dw i'n gweithio **yn y banc**. A chi?

A: Dw i **wedi ymddeol**. A dw i'n dysgu Cymraeg!

Geirfa

actor	-	*actor*
ar bwys	-	*near*
ar hyn o bryd	-	*at the moment*
athrawes (b)	-	*teacher (female)*
athro	-	*teacher (male)*
banc	-	*bank*
byw	-	*to live*
di-waith	-	*unemployed*
dod	-	*to come*
enw	-	*name*
gŵr tŷ	-	*house husband*
gwraig tŷ (b)	-	*housewife*
gweithio	-	*to work*
mewn	-	*in a*
nawr	-	*now*
o (+ TM)	-	*from (+ Soft Mutation)*
rhif ffôn	-	*phone number*
siop (b)	-	*shop*
swyddfa (b)	-	*office*
wedi ymddeol	-	*retired*
yn	-	*in + the / in + specific place*
yn wreiddiol	-	*originally*
ysbyty	-	*hospital*
ysgol (b)	-	*school*

**Ychwanegwch eirfa
sy'n berthnasol i chi:**
*Add vocabulary that's
relevant to you:*

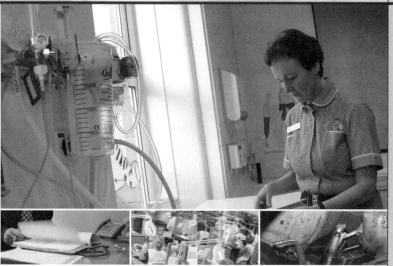

 Gramadeg

Mewn or **yn**?

Use **mewn** *when it means* **in a**:
in a hospital = mewn ysbyty
in a factory = mewn ffatri

Use **yn** *when it means* **in the** *or when you refer to somewhere* **specific**:
in Glangwili hospital = yn Ysbyty Glangwili
in the Sony factory = yn ffatri Sony

Mutating place-names

With place-names, people often don't mutate after **o**, *but here is how it should be done!*

There is a **soft mutation** *after* **o**.

Pontypridd	o **B**ontypridd
Bangor	o **F**angor
Tyddewi	o **D**yddewi
Dinbych	o **Dd**inbych
Caerfyrddin	o **G**aerfyrddin
Glyn-nedd	o **L**yn-nedd
Maentwrog	o **F**aentwrog
Llandudno	o **L**andudno
Rhydcymerau	o **R**ydcymerau

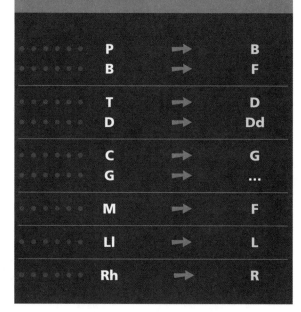

Y Treiglad Meddal
Soft Mutation

P	→	B
B	→	F
T	→	D
D	→	Dd
C	→	G
G	→	...
M	→	F
Ll	→	L
Rh	→	R

Cwrs Mynediad: Uned 4

1.

Beth yw ei enw e?	*What's his name?*
Huw yw e	*He's Huw*
Beth yw ei henw hi?	*What's her name?*
Carol yw hi	*She's Carol*
Pwy yw e?	*Who's he?*
Simon yw e	*He's Simon*
Pwy yw hi?	*Who's she?*
Llinos yw hi	*She's Llinos*
Gareth yw e?	*Is he/that Gareth?*
Ie / Nage	*Yes/No*
Heulwen yw hi?	*Is she/that Heulwen?*
Ie / Nage	*Yes/No*

2.

Beth yw ei rif ffôn e?	*What is his phone number?*
Beth yw ei rhif ffôn hi?	*What is her phone number?*
Beth yw rhif ffôn Edward/Carol?	*What is Edward/Carol's phone number?*
Caerdydd 567440	*Cardiff 567440*

Trafod rhifau ffôn

Discussing phone numbers

Ysgrifennwch enwau 4 person a holwch **rywun arall** beth yw eu rhif ffôn.
*Write the names of 4 people and ask **someone else** for their phone number.*

Enw	Rhif ffôn

3.	**Ble mae e'n byw?**	*Where does he live?*
	Mae e'n byw mewn fflat	*He lives in a flat*
	Mae e'n byw ar fferm	*He lives on a farm*
	Ble mae hi'n byw?	*Where does she live?*
	Mae hi'n byw yn y wlad	*She lives in the country*
	Mae hi'n byw yn y dre	*She lives in town*
	O ble mae e/hi'n dod yn wreiddiol?	*Where does he/she come from originally?*
	Mae e'n dod o Aberdâr yn wreiddiol	*He comes from Aberdare originally*
	Mae hi'n dod yn wreiddiol o'r Rhyl	*She comes from Rhyl originally*

4.	**Beth mae e'n wneud?**	*What does he do?*
	Mecanic yw e	*He's a mechanic*
	Beth mae hi'n wneud?	*What does she do?*
	Meddyg yw hi	*She's a doctor*

Dyfalu beth mae e neu hi'n wneud

Guessing what he/she does

Gofynnwch i'ch partner:
   Ask your partner:

'Beth mae Morys yn wneud? Artist yw e?'

neu: 'Beth mae Linda'n wneud? Ysgrifenyddes yw hi?'

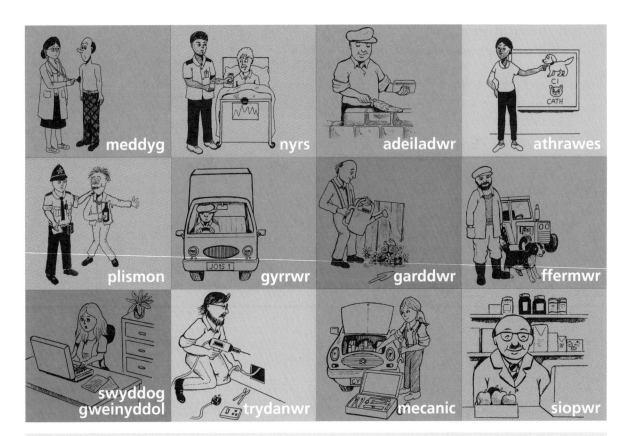

meddyg — nyrs — adeiladwr — athrawes

plismon — gyrrwr — garddwr — ffermwr

swyddog gweinyddol — trydanwr — mecanic — siopwr

5.	Ydy e'n gweithio?	*Does he work?*
	Ydy, mae e'n gweithio fel garddwr	*Yes, he works as a gardener*
	Ydy, mae e'n gweithio gyda phlant	*Yes, he works with children*
	Nac ydy, mae e'n ddi-waith	*No, he's unemployed*
	Ydy hi'n gweithio?	*Does she work?*
	Ydy, mae hi'n gweithio fel ysgrifenyddes	*Yes, she works as a secretary*
	Ydy, mae hi'n gweithio gyda chyfrifiaduron	*Yes, she works with computers*
	Nac ydy, mae hi wedi ymddeol	*No, she's retired*

Deialog

A: Dych chi'n nabod **Gareth Lloyd**?

B: **Gareth Lloyd**? …. **Meddyg** yw e?

A: Ie, mae e'n byw ar bwys **Pontarddulais**.

B: Ydy e'n gweithio nawr?

A: Ydy. Mae e'n gweithio mewn **ysbyty** yn **Abertawe**.

B: Ond o ble mae e'n dod yn wreiddiol?

A: O **Gaerdydd**, dw i'n meddwl.

Geirfa

actor	-	*actor*
actores (b)	-	*actress*
adeiladwr	-	*builder*
ar ffem	-	*on a farm*
cyfrifiadur(on)	-	*computer(s)*
fel	-	*as (a)*
fferm (b)	-	*farm*
ffermwr	-	*farmer*
fflat	-	*flat*
gwybod	-	*to know (fact)*
gyda	-	*with*
gyda chyfrifiaduron	-	*with computers*
gyda fi	-	*with me*
gyda phlant	-	*with children*
gyrru	-	*to drive*
gyrrwr	-	*driver*
mecanic	-	*mechanic*
meddwl	-	*to think*
meddyg, doctor	-	*doctor*
nabod	-	*to know (person)*
nyrs	-	*nurse*
ond	-	*but*
plant	-	*children*
plismon	-	*policeman*
plismones (b)	-	*policewoman*
siopwr	-	*shopkeeper; shopper*
swyddog gweinyddol	-	*administrative officer*
trydanwr	-	*electrician*
tŷ	-	*house*
y wlad	-	*the country/countryside*
y dre	-	*the town*
ysgrifennydd	-	*secretary (male)*
ysgrifenyddes (b)	-	*secretary (female)*
Dyma Edward	-	*This is Edward*
Dw i ddim yn gwybod	-	*I don't know (fact)*

Ychwanegwch eirfa sy'n berthnasol i chi:
Add vocabulary that's relevant to you:

 Gramadeg

Answering 'Yes / No'

We have already seen that if a question begins with:
  Dych chi ...?   *the answer is* **Ydw / Nac ydw**

If a question begins with:
  Ydy e / Ydy hi ...?   *the answer is* **Ydy / Nac ydy**

If there is a name or profession at the beginning of the question:
  Huw dych chi?
  Actor yw e?   *the answer is* **Ie / Nage**

yn ('n) and wedi
*You don't need **'n** with **wedi**:*
  Dw i wedi ymddeol. (*Not*: *Dw i'n wedi ymddeol.)

y / yr / 'r
y is used before consonants -
  y dre, **y** siop

yr *is used before vowels and 'h' -*
  yr ysbyty, **yr** ysgol, **yr** adran *(department),* **yr** haf *(summer)*

'r *is used after vowels -*
  Beth yw enw**'r** dyn? *(What's the man's name?)*
  Mae e'n gyrru**'r** lori. *(He drives the lorry)*

Cwrs Mynediad: Uned 5

Nod: Adolygu ac ymestyn *Revision and extension*

1.

Sut dych chi erbyn hyn?	*How are you by now?*
Sut mae heno?	*How are you/things tonight?*
Sut dych chi heddiw?	*How are you today?*
Sut mae prynhawn 'ma?	*How are you/things this afternoon?*

Esgusodwch fi!	*Excuse me!*
Os gwelwch chi'n dda / Plîs	*Please*
Croeso	*Welcome/You're welcome*

2.

Gwraig Bob dw i	*I'm Bob's wife*
Gŵr Helen yw e	*He's Helen's husband*
Partner Kevin yw hi	*She's Kevin's partner*
Ffrind Sandra yw hi	*She's Sandra's friend*

Grid 'Pwy dych chi?'

Darllenwch y brawddegau y mae'r tiwtor wedi eu rhoi ichi, a'u cofio!
Ysgrifennwch enw'r person dych chi'n ei holi a gofynnwch 'Pwy dych chi?'
Ysgrifennwch yr enwau yn y blychau perthnasol.

Read the sentences your tutor has given you, and remember them! Write the name of the person you're talking to and ask who he or she is. Write the names in the relevant boxes.

ENW	Partner/ Cariad pwy?	Gŵr/Gwraig pwy?	Brawd/ Chwaer pwy?	Tad/Mam pwy?	Mab/Merch pwy?	Ffrind pwy?
Carol		Elfed	Simon	Donna	Sheila a Derek	Siân

Pwy dych chi'n nabod 'te?!

Sgwariau sydyn

Dewiswch un elfen o bob sgwâr ac atebwch gwestiynau eich partner.

Choose one element from each square and answer your partner's questions.

enw?

Sara	Meirion	Elwyn
Nesta	Ceinwen	Huw
Morys	Rholant	Betsan
Esyllt	Iwan	Llŷr

byw?

mewn tŷ	yn y wlad
mewn carafán	mewn fflat
mewn bwthyn	ar fferm
mewn hostel i fyfyrwyr	yn y dre

yn wreiddiol?

O Bontypridd	O Lundain
O Dde Affrica	O Tiger Bay
O Langwyryfon	O Abertawe

gweithio?

yn ysbyty Singleton

mewn swyddfa

yn Asda

mewn llyfrgell

gyda Huw Jones

Fy ffrind gorau

Llenwch y golofn 'Fy Ffrind Gorau 1' nawr, ac ar ddiwedd y gweithgaredd
llenwch 'Fy Ffrind Gorau 2'.

> *Complete the column 'Fy Ffrind Gorau 1' now, and at the end of the activity,*
> *fill in 'Fy Ffrind Gorau 2'.*

	Fy Ffrind Gorau 1	Fy Ffrind Gorau 2
Enw		
Byw?		
Dod?		
Gwneud?		

 **Siart achau**

Edrychwch ar y siart achau hon, a siaradwch â'ch partner.
Cofiwch am yr atebion 'Ie' a Nage'!

> *With your partner, take your turns to ask and answer questions based on the family tree.*
> *Some examples are given. Remember the responses, 'Ie' and 'Nage'!*

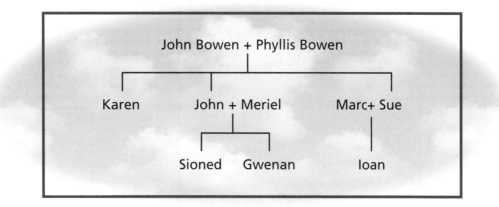

A: Brawd Sue yw Marc?
B: Nage, gŵr Sue yw Marc. Mab Meriel yw Ioan?
A: Nage, ... etc.

Darn i'w ddarllen yn uchel

Read this paragraph aloud:

Carys Morgan yw fy ffrind gorau. Mae hi'n byw ar bwys Llanfair-pwll erbyn hyn, ond mae hi'n dod o Gaerdydd yn wreiddiol. Mae hi'n gweithio i'r Cyngor Cefn Gwlad ym Mangor a dw i'n gweithio gyda hi yno. Mae ei phartner hi, Robert, yn gweithio gyda chyfrifiaduron yn y tŷ. Mae e'n dod o Loegr yn wreiddiol ac mae e'n dysgu Cymraeg mewn dosbarth yng Nghaernarfon.

Geirfa

brawd	-	*brother*
bwthyn	-	*cottage*
carafán (b)	-	*caravan*
cariad	-	*boyfriend/girlfriend*
cath (b)	-	*cat*
ci	-	*dog*
chwaer (b)	-	*sister*
erbyn hyn	-	*by now*
Esgusodwch fi!	-	*Excuse me!*
gŵr	-	*husband*
gwraig (b)	-	*wife*
gyda hi	-	*with her*
heddiw	-	*today*
heno	-	*this evening, tonight*
hostel i fyfyrwyr	-	*students' hostel*
mab	-	*son*
mam (b)	-	*mother*
merch (b)	-	*daughter*
neu	-	*or*
o hyd	-	*still*
os gwelwch yn dda	-	*please*
plîs	-	*please*
tad	-	*father*
teulu	-	*family*
yng nghyfraith	-	*in law*

Ychwanegwch eirfa sy'n berthnasol i chi:
Add vocabulary that's relevant to you:

ⓖ Gramadeg

Mutations

Dyma'r treigladau dyn ni wedi eu gweld hyd yn hyn.

> *For reference, these are the mutations we have seen so far. Not all Welsh-speakers use them consistently, so don't worry too much about them at this stage!*

Treiglad Meddal *Soft Mutation*			Treiglad Trwynol *Nasal Mutation*		
P	→	B	P	→	Mh
B	→	F	B	→	M
T	→	D	T	→	Nh
D	→	Dd	D	→	N
C	→	G	C	→	Ngh
G	→	...	G	→	Ng
M	→	F			
Ll	→	L			
Rh	→	R			

Gwrando

1. Rhowch gylch o gwmpas yr enwau pobl/lleoedd dych chi'n eu clywed.
Put a circle around the names and place-names that you hear.

Carwyn	Geraint	Aberystwyth
Abertawe	Llywelyn	Hwlffordd
Garmon	Caerfyrddin	Caerdydd
Glyndwr	Casnewydd	Branwen
Llanelli	Abergwaun	Marian

2. Dewiswch rhwng yr ateb yng ngholofn A neu B.
Choose between the answer in columns A or B.

	A	B
Ble mae Geraint Lloyd heno?	Caerdydd	Abertawe
O ble mae Garmon yn dod yn wreiddiol?	Casnewydd	Caerdydd
Ble mae Garmon yn gweithio?	mewn ffatri	mewn llyfrgell
Ble mae Branwen yn byw?	mewn fflat	ar fferm
Beth yw gwaith Branwen?	ysgrifenyddes	plismones
Beth yw enw mam Branwen?	Marian	Miranda

3. Llenwch y grid.
Complete the grid.

Enw	Dod o?	Gweithio?	Byw?
Garmon			
Branwen			

Rhestr gyfair *Check list*

✔ **Ticiwch beth dych chi'n gallu wneud. Yn Gymraeg!** *Tick what you can do. In Welsh!*

☐ Dw i'n gallu rhifo o 0 - 10
I can count from 0 - 10

Dw i'n gallu cyfarch pobl
I can greet people

☐ yn y bore
in the morning

☐ yn y prynhawn
in the afternoon

☐ gyda'r nos
in the evening

☐ Dw i'n gallu dweud dyddiau'r wythnos
I can say the days of the week

☐ Dw i'n gallu dweud beth yw fy enw
I can say what my name is

☐ Dw i'n gallu dweud beth yw fy rhif ffôn
I can say what my phone number is

☐ Dw i'n gallu dweud pwy ydw i, e.e. Partner Kevin dw i.
I can say who I am, e.g. I'm Kevin's partner.

☐ Dw i'n gallu dweud ble dw i'n byw
I can say where I live

☐ Dw i'n gallu dweud beth dw i'n wneud
I can say what I do

☐ Dw i'n gallu dweud ble dw i'n gweithio
I can say where I work

☐ Dw i'n gallu gofyn am fanylion personol rhywun arall
I can ask for another person's personal details

☐ Dw i'n gallu dweud beth yw enw rhywun arall
I can say what another person's name is

☐ Dw i'n gallu dweud pwy yw e/hi, e.e. Ffrind Siân yw hi
I can say who he/she is, e.g. She's Siân's friend

☐ Dw i'n gallu dweud beth yw rhif ffôn rhywun arall
I can say what someone else's phone number is

☐ Dw i'n gallu dweud ble mae rhywun arall yn byw
I can say where someone else lives

☐ Dw i'n gallu dweud beth mae rhywun arall yn wneud
I can say what someone else does

☐ Dw i'n gallu dweud ble mae rhywun arall yn gweithio
I can say where someone else works

Patrymau'r cwrs hyd yma

Patterns encountered so far

Pwy dych chi?	-	Emma dw i.
Beth yw'ch enw chi?		
Pwy yw e?	-	Dafydd yw e.
Beth yw ei enw e?		
Pwy yw hi?	-	Carys yw hi.
Beth yw ei henw hi?		
Penri dych chi?	-	Ie / Nage
Elvis yw e?	-	Ie / Nage
Ffrind pwy dych chi?	-	Ffrind Mari dw i.
Brawd pwy yw e?	-	Brawd John yw e.
Chwaer pwy yw hi?	-	Chwaer Bethan yw hi.
Beth yw'ch rhif ffôn chi?	-	Bangor 985995
Beth yw ei rif ffôn e?		
Beth yw ei rhif ffôn hi?		
Sut dych chi?	-	Da iawn / Gweddol / Ofnadwy
Beth dych chi'n wneud?	-	Mecanic dw i.
Beth mae e/hi'n wneud?	-	Meddyg yw e/hi.
Ble dych chi'n byw?	-	Dw i'n byw yn Abertawe.
Ble mae e/hi'n byw?	-	Mae e/hi'n byw yn Llanfair-pwll.
Dych chi'n byw yn X?	-	Ydw / Nac ydw
	-	Dw i ddim yn byw yn X.
Ydy e/hi'n byw yn X?	-	Ydy / Nac ydy
O ble dych chi'n dod (yn wreiddiol)?	-	Dw i'n dod o Bontypridd (yn wreiddiol).
O ble mae e/hi'n dod (yn wreiddiol)?	-	Mae e/hi'n dod o Fangor (yn wreiddiol).
Ble dych chi'n gweithio?	-	Dw i'n gweithio yn y banc.
Ble mae e/hi'n gweithio?	-	Mae e/hi'n gweithio mewn swyddfa.
Dych chi'n gweithio fel garddwr?	-	Ydw / Nac ydw
Ydy e/hi'n gweithio fel trydanwr?	-	Ydy / Nac ydy

Geirfa hanfodol Unedau 2 – 5

Essential Vocabulary from Units 2 - 5

ar bwys	-	*near*
ar hyn o bryd	-	*at the moment*
Bore da	-	*Good morning*
brawd	-	*brother*
byw	-	*to live*
cariad	-	*boyfriend/girlfriend*
carafán (b)	-	*caravan*
cath (b)	-	*cat*
ci	-	*dog*
chwaer (b)	-	*sister*
da	-	*good*
da iawn	-	*very good / very well*
Da boch chi	-	*Goodbye*
Diolch	-	*Thank you*
dod	-	*to come*
Dyma …	-	*This is …*
enw	-	*name*
Esgusodwch fi!	-	*Excuse me!*
fel	-	*as (a)*
fferm (b)	-	*farm*
fflat (b)	-	*flat*
go lew / gweddol	-	*O.K., not bad*
gŵr	-	*husband*
gwraig (b)	-	*wife*
gweithio	-	*to work*
gwybod	-	*to know (fact)*
gyda	-	*with*
heddiw	-	*today*
heno	-	*this evening*
Hwyl	-	*Goodbye*
Iawn	-	*Fine*
mab	-	*son*

Rhifau
Numbers

0	-	dim
1	-	un
2	-	dau
3	-	tri
4	-	pedwar
5	-	pump
6	-	chwech
7	-	saith
8	-	wyth
9	-	naw
10	-	deg

Dyddiau'r Wythnos
Days of the week

Dydd Sul	*Sunday*
Dydd Llun	*Monday*
Dydd Mawrth	*Tuesday*
Dydd Mercher	*Wednesday*
Dydd Iau	*Thursday*
Dydd Gwener	*Friday*
Dydd Sadwrn	*Saturday*

mam (b)	-	mother
meddwl	-	to think
merch (b)	-	daughter
mewn	-	in a
nawr	-	now
nabod	-	to know (person)
neu	-	or
Noswaith dda	-	Good evening
o (+ TM)	-	from (+ Soft Mutation)
o hyd	-	still
ofnadwy	-	terrible
ond	-	but
os gwelwch yn dda	-	please
plant	-	children
plîs	-	please
Prynhawn da	-	Good afternoon
rhif ffôn	-	phone number
siop (b)	-	shop
swyddfa (b)	-	office
tad	-	father
teulu	-	family
tŷ	-	house
wedi blino	-	tired
wedi ymddeol	-	retired
y wlad (b)	-	the country/countryside
y dre (b)	-	the town
yn	-	in + the / in + specific place
yn wreiddiol	-	originally
yng nghyfraith	-	in law
ysbyty	-	hospital
ysgol (b)	-	school
ysgrifenyddes (b)	-	secretary (female)

Cwrs Mynediad: Uned 6

Nod: Trafod cynlluniau *Discussing plans*

1. Dw i'n mynd

	i Gaerdydd	*I'm going to Cardiff*
	i weld ffrindiau	*I'm going to see friends*
	i'r gwaith	*I'm going to work*
	i siopa	*I'm going shopping*

Dw i ddim yn mynd

	i'r gêm	*I'm not going to the game*
	i'r dafarn	*I'm not going to the pub*

Ble dych chi'n mynd

	yfory?	*Where are you (chi) going tomorrow?*
	wythnos nesa?	*Where are you (chi) going next week?*

Ble wyt ti'n mynd

	dros y penwythnos?	*Where are you (ti) going over the weekend?*
	dros y gwyliau?	*Where are you (ti) going over the holidays?*

A chi?   *And you (chi)?*
A ti?   *And you (ti)?*
Dych chi'n mynd i Ddolgellau?   *Are you (chi) going to Dolgellau?*
Ydw/Nac ydw   *Yes/No*
Wyt ti'n mynd i nofio?   *Are you (ti) going swimming?*
Ydw/Nac ydw   *Yes/No*

 **Gyda phartner:**

Holi / *Asking*

A: Ble dych chi'n mynd yfory?

neu Ble wyt ti'n mynd yfory?

B: Dw i'n mynd i _____

Dyfalu / *Guessing*

A: Dych chi'n mynd i _____ yfory?

neu Wyt ti'n mynd i _____ yfory?

B: Ydw *neu* Nac ydw

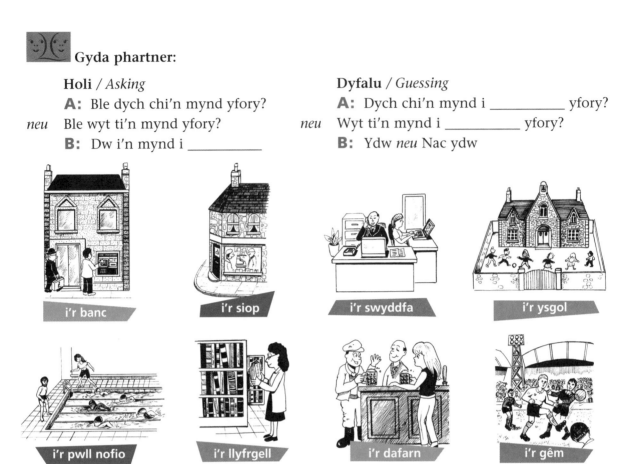

i'r banc — i'r siop — i'r swyddfa — i'r ysgol

i'r pwll nofio — i'r llyfrgell — i'r dafarn — i'r gêm

Holiadur Tic a Chroes

Gofynnwch i 3 pherson '**Dych chi'n mynd i _____ dros y penwythnos?**'

Rhowch ✔ neu ✘ yn y golofn.

*Ask 3 people '**Dych chi'n mynd i** _____ **dros y penwythnos?**'*

Put ✔ or ✘ in the column.

Enw	Haydn	_____	_____	_____
sinema	✘			
tafarn	✔			
eglwys	✘			
siop bapur	✔			
gêm	✔			
siopa bwyd	✔			
siopa dillad	✘			

2. Mae e'n mynd adre   *He's going home*
   Mae hi'n mynd i ymlacio   *She's going to relax*
   Dyw e ddim yn mynd i'r banc   *He's not going to the bank*
   Dyw hi ddim yn mynd i'r dre   *She's not going to town*

   Ble mae e'n mynd nos yfory?   *Where's he going tomorrow night?*
   Ble mae hi'n mynd prynhawn yfory?   *Where is she going tomorrow afternoon?*

   A Gareth?   *And Gareth?*
   A Hazel?   *And Hazel?*

   Ydy e'n mynd i'r dosbarth?   *Is he going to the class?*
   Ydy/Nac ydy   *Yes/No*
   Ydy hi'n mynd i Lanelwedd?   *Is she going to Builth?*
   Ydy/Nac ydy   *Yes/No*

Ble mae e/hi'n mynd?

Pen-y-bont	Llanybydder	Dwyran
Dinas Powys	Bangor	Tregaron
Maenclochog	Porthmadog	Rhydaman
Caersŵs	Blaenafon	Talgarth

Mae eich ffrind yn mynd i 4 lle sydd yn y blwch dros y penwythnos.
Dewiswch y 4 lle a'u hysgrifennu.

   Your friend is going to 4 places in the box over the weekend.
   Choose the 4 places and write them down.

Enw eich ffrind _____

   1. _____
   2. _____
   3. _____
   4. _____

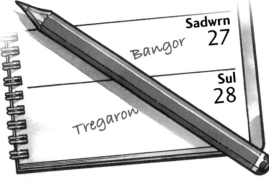

Dyfalwch ble mae ffrind eich partner yn mynd.
Guess where your partner's friend is going.

Beth yw enw eich ffrind?
Ydy e/hi'n mynd i Lanybydder?   Ydy/Nac ydy.

Enw ffrind eich partner   _____

1. _____
2. _____
3. _____
4. _____

Holiadur Mawr

Gofynnwch i 4 person /*Ask 4 people:* Ble dych chi'n mynd _____?

Gofynnwch i'ch partner am hanes 2 berson arall/ *Ask your partner about 2 other people*:
Ble mae Catrin/John yn mynd _____?

Enw	yfory?	dros y penwythnos?	dros y gwyliau?	yr wythnos nesa?
1.				
2.				
3.				
4.				
5.				
6.				

Deialog

A: Ble wyt ti'n mynd **nos yfory**?
B: **Nos yfory**? O … dw i'n brysur **nos yfory**. A ti?
A: Dw i'n mynd i'r **sinema**. Mae Carys a Gethin yn dod hefyd.
B: Wel, dw i'n mynd i **weithio yn y tŷ**.
A: Beth am nos **Sadwrn**? Beth am fynd am dro?
B: Dim diolch. Dw i ddim yn mynd **ma's**. Dw i'n mynd i **edrych ar y teledu**.

Geirfa

bwyd	-	*food*
dillad	-	*clothes*
dros	-	*over*
dw i'n brysur	-	*I'm busy*
edrych ar y teledu	-	*to watch television*
ffrindiau	-	*friends*
gêm (b)	-	*game*
gweld	-	*to see*
gwyliau	-	*holidays*
mynd adre	-	*to go home*
mynd ma's	-	*to go out*
nofio	-	*to swim*
nos (b)	-	*night*
nos yfory	-	*tomorrow night*
penwythnos	-	*weekend*
prysur	-	*busy*
pwll nofio	-	*swimming pool*
sinema (b)	-	*cinema*
siop bapur (b)	-	*paper shop*
siopa	-	*to shop*
tafarn (b)	-	*pub*
wythnos (b)	-	*week*
yfory	-	*tomorrow*
ymlacio	-	*to relax*

Ychwanegwch eirfa sy'n berthnasol i chi:

Add vocabulary that's relevant to you:

Gramadeg

Ti a chi

There are two ways of saying 'you' in Welsh - **ti** *and* **chi**.

Chi *is used when you speak to:*

- *a group of people (plural)*
- *someone you don't know / a stranger*
- *an older friend*
- *someone to whom you want to show respect, e.g. a bank manager!*

Ti *is used when you speak to:*

- *a friend / someone with whom you are very familiar*
- *someone of the same age*
- *a child*
- *a partner/husband/wife*
- *a pet*

Note: **Ti** *is never used when you speak to a group of people, you must use* **chi**.

There are some anomalies - e.g. some children are taught to use **chi** *when speaking to one of their parents; lifelong friends of the same age might call each other* **chi**, *and some partners call each other* **chi**.

If in doubt, use **chi** *first: the other person may tell you to change to* **ti**.

Wyt ti....?

The answer to questions beginning in **Wyt ti.....?** *is* **Ydw/Nac ydw**

Treiglad Meddal ar ôl 'i'

There is a soft mutation (treiglad meddal) *after* **i**.
You will find that some Welsh speakers don't mutate place names every time.

P ➡	i **B**en-y-bont		**M** ➡	i **F**aenclochog
T ➡	i **D**redegar		**Ll** ➡	i **L**andudno
C ➡	i **G**aernarfon		**Rh** ➡	i **R**ydaman
B ➡	i **F**rynaman			
D ➡	i **Dd**inbych			
G ➡	i _weld ffrindiau			

Negative Sentences

Ddim *is used when you want to express the negative:*

Dw i   Dw i **ddim**

Some verbs have **negative forms** *which are used with* ddim

Mae e   **Dyw** e ddim
Mae hi   **Dyw** hi ddim

Mynd

Present Tense

Here is the full pattern of **mynd**. * = *You'll come across these later in the course.*

Dw i'n mynd	*I'm going / I go*
Rwyt ti'n mynd	*You're going / You go*
Mae e'n mynd	*He's going / He goes*
Mae hi'n mynd	*She's going / She goes*
*Dyn ni'n mynd	*We're going / We go*
Dych chi'n mynd	*You're going / You go*
*Maen nhw'n mynd	*They're going / They go*

Cwrs Mynediad: Uned 7

Nod: Trafod y tywydd *Discussing the weather*

1. Sut mae'r tywydd heddiw? — *What's the weather like today?*

Mae hi'n braf	*It's fine/nice*
ddiflas	*miserable*
gymylog	*cloudy*
sych	*dry*
wlyb	*wet*
gynnes	*warm*
oer	*cold*
dwym	*hot*
wyntog	*windy*
niwlog	*foggy*
Mae hi'n bwrw glaw	*It's raining*
bwrw eira	*snowing*
bwrw cesair	*hailing*

Mae hi'n ddiflas, **on'd yw hi?** — *It's miserable, isn't it?*

Ydy hi'n oer? - Ydy/Nac ydy — *Is it cold? Yes/No*

Dyw hi ddim yn wlyb	*It's not wet*
yn stormus	*not stormy*
yn braf iawn	*not very nice*

Gêm drac y tywydd

Symudwch o gwmpas y trac a dwedwch sut mae'r tywydd.
Move around the track and say what the weather's like.

Dechrau

Diwedd

Dyfalu:

A: Ydy hi'n braf heddiw?

B: Ydy, mae hi'n braf heddiw.

Nac ydy, dyw hi ddim yn braf heddiw.

2. Sut oedd y tywydd ddoe?	*What was the weather like yesterday?*
Roedd hi'n braf ddoe	*It was fine yesterday*
Roedd hi'n wyntog ddoe	*It was windy yesterday*
Roedd hi'n well ddoe	*It was better yesterday*
Roedd hi'n waeth ddoe	*It was worse yesterday*
Oedd hi'n braf? Oedd/Nac oedd	*Was it fine? Yes/No*

Tywydd yr wythnos diwetha

Last week's weather

Dewiswch fod yn **A** neu'n **B**. Gofynnwch gwestiynau i'ch partner er mwyn llenwi'r bylchau. Cofiwch y treiglad! e.e. cymylog - Roedd hi'n **g**ymylog

*Choose to be **A** or **B**. Ask your partner questions in order to fill in the blanks.*
(Partner A - page 39; Partner B - page 40.)
*Remember the mutation! e.e. cymylog - Roedd hi'n **g**ymylog*

'Sut oedd y tywydd bore/prynhawn dydd Llun?'　　'Roedd hi'n **g**ymylog.'

Partner A	Bore	Prynhawn
Dydd Sul	_____	braf iawn
Dydd Llun	cymylog	_____
Dydd Mawrth	_____	bwrw glaw
Dydd Mercher	gwlyb	_____
Dydd Iau	_____	niwlog
Dydd Gwener	oer	_____
Dydd Sadwrn	_____	diflas

3. Sut bydd y tywydd yfory?   *What will the weather be like tomorrow?*

Bydd hi'n dwym yfory   *It will be warm tomorrow*
Bydd hi'n bwrw glaw yfory   *It will be raining tomorrow*
Bydd hi'n well yfory   *It will be better tomorrow*
Bydd hi'n waeth yfory   *It will be worse tomorrow*

Sut bydd y tywydd yfory?

Dewiswch fod yn **A** neu **B**. Mae Map
Partner B ar dudalen 40. Gofynnwch
gwestiynau i'ch partner er mwyn
llenwi'r bylchau.

> *Choose to be **A** or **B**. Partner B's Map is
> on page 40. Ask your partner questions
> in order to fill in the blanks.*

'Sut bydd y tywydd yn Nolgellau?'
'Bydd hi'n braf/niwlog/wyntog.'

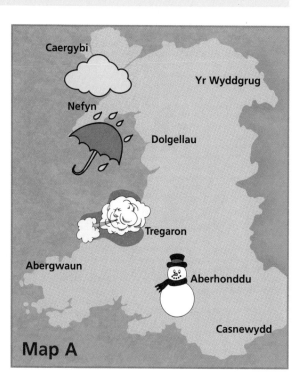

Map A

Cwrs Mynediad: Uned 7

Partner B	Bore	Prynhawn
Dydd Sul	braf	_____
Dydd Llun	_____	bwrw glaw
Dydd Mawrth	diflas	_____
Dydd Mercher	_____	oer
Dydd Iau	gwlyb	_____
Dydd Gwener	_____	bwrw eira
Dydd Sadwrn	niwlog	_____

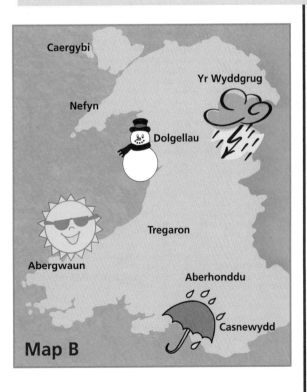

Map B

Deialog

A: Mae hi'n **ddiflas**, on'd yw hi!

B: Ydy, roedd hi'n **well** ddoe.

A: Wel, gobeithio bydd hi'n **braf** yfory.

B: Pam? Beth dych chi'n wneud yfory?

A: Dw i'n mynd i **weld gardd** ar bwys **Aberhonddu**.

B: **Gweld gardd**? Dyna neis.

A: Ond os bydd hi'n bwrw glaw, dw i ddim yn mynd.

 Gramadeg

Mae hi'n braf /niwlog etc. - 'hi' *can be, and is often, left out, so listen out for* **Mae'n braf, Mae'n niwlog** *as well.*

Mae hi'n <u>dd</u>iflas Describing words (adjectives) mutate (Treiglad Meddal) after **yn**.

We have come across one before: **Mae e'n <u>ddi</u>-waith**

so	**c**ymylog	>	Mae hi'n **g**ymylog
	gwell	>	Mae hi'n _well

Mae hi'n bwrw glaw

Doing words (verbs) stay as they are after **yn** *as we've seen before*: Mae e'n gweithio.

Braf *never mutates - think of the Costa Brava, which is always sunny!*

Geirfa

braf	-	*fine (weather)*
bwrw cesair	-	*to hail*
bwrw eira	-	*to snow*
bwrw glaw	-	*to rain*
cymylog	-	*cloudy*
cynnes	-	*warm*
diflas	-	*miserable*
diwetha	-	*last*
gardd (b)	-	*garden*
gobeithio	-	*to hope*
gwaeth	-	*worse*
gwell	-	*better*
gwlyb	-	*wet*
gwyntog	-	*windy*
hefyd	-	*as well, also*
heulog	-	*sunny*
niwlog	-	*foggy*

Ychwanegwch eirfa sy'n berthnasol i chi:
Add vocabulary that's relevant to you:

_____

_____

_____

_____

_____

oer	-	*cold*
on'd yw hi?	-	*isn't it?*
os	-	*if*
stormus	-	*stormy*
sych	-	*dry*
twym	-	*hot*

Cwrs Mynediad: Uned 8

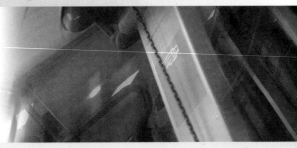

Nod: Trafod diddordebau amser sbâr *Discussing leisure interests*

1. Beth dych chi'n hoffi wneud yn eich amser sbâr?

What do you like doing in your spare time?

Dw i'n hoffi	dysgu Cymraeg		*I like*	*learning Welsh*
	darllen			*reading*
	cadw'n heini			*keeping fit*
	chwarae golff			*playing golf*

Dyn ni'n hoffi	nofio		*We like*	*swimming*
	edrych ar y teledu			*watching TV*
	rhedeg			*running*
	bwyta ma's			*eating out*

Wyt ti'n hoffi nofio?
Ydw/Nac ydw

Do you (ti) like swimming?
Yes/No

Dych chi'n hoffi coginio?
Ydyn/Nac ydyn

Do you (chi) like cooking?
*Yes/No (**we do/don't**)*

Dw i ddim yn hoffi	garddio		*I don't like*	*gardening*
	mynd am dro			*going for a walk*
Dyn ni ddim yn hoffi	pysgota		*We don't like*	*fishing*
	rhedeg			*running*

Gyda phartner - Dych chi'n hoffi….?

Gofynnwch i'ch partner: Dych chi'n hoffi _____?
Bydd eich tiwtor yn gofyn i chi ddweud wrth y dosbarth
pa weithgareddau dych chi *a'ch* partner yn eu hoffi, felly
gwnewch restr.

> *Ask your partner what he/she likes doing.*
> *Your tutor will ask you to tell the class which*
> *activities you* **and** *your partner like, so prepare a list.*

Dyn ni'n hoffi:

darllen **chwarae pêl-droed**

chwarae tennis **cadw'n heini** **gwrando ar gerddoriaeth**

edrych ar rygbi **pysgota** **garddio**

dawnsio **chwarae golff** **bwyta ma's**

coginio **nofio** **rhedeg**

2. Beth mae e'n hoffi wneud
yn ei amser sbâr?

What does he like doing in his spare time?

Beth mae hi'n hoffi wneud
yn ei hamser sbâr?

What does she like doing in her spare time?

Mae hi'n hoffi nofio
Mae e'n hoffi chwarae pêl-droed

She likes swimming
He likes playing football

Ydy e'n hoffi chwarae sboncen?
Ydy/Nac ydy

Does he like playing squash?
Yes/No

Dyw e ddim yn hoffi edrych ar rygbi
Dyw hi ddim yn hoffi dawnsio

He doesn't like watching rugby
She doesn't like dancing

Dod o hyd i rywun sy'n hoffi ...

Ewch o gwmpas y dosbarth i ddod o hyd i rywun sy'n hoffi gwneud y
gweithgareddau yn y grid. Rhowch enw'r person wrth y gweithgaredd.

Go around the class to find someone who likes doing the activities
in the grid. Write the person's name next to the activity.

Enw'r gweithgaredd	Enw'r person
garddio	
rhedeg	
darllen	
chwarae pêl-droed	
edrych ar y teledu	
bwyta ma's	
pysgota	
chwarae sboncen	
canu'r piano	
dawnsio	
gwrando ar gerddoriaeth	

Holiadur

Holwch 6 pherson: 'Beth dych chi'n hoffi wneud yn eich amser sbâr?'

Enw	Hoffi
1.	
2.	
3.	
4.	
5.	
6.	

Cofio

Gyda phartner, ceisiwch gofio rhai o'r gweithgareddau amser sbâr **heb** edrych ar yr eirfa. Yna gwnewch restr o'r gweithgareddau dych chi'n eu gwneud **gyda rhywun arall** a'r gweithgareddau dych chi'n eu gwneud **ar eich pen eich hunan**.

*With a partner, try to remember some of the leisure activities **without** looking at the vocabulary. Then, make a list of the activities you do **with someone else** and the activities you do **by yourself**.*

Gweithgareddau:

Gweithgareddau gyda rhywun arall	Gweithgareddau ar eich pen eich hunan

Deialog

A: Beth dych chi'n hoffi wneud yn eich amser sbâr?

B: Dw i'n hoffi gwrando ar gerddoriaeth. Beth amdanoch chi?

A: Wel … dw i'n hoffi chwarae pêl-droed.

B: Chwarae pêl-droed? Dych chi ddim yn rhy hen i chwarae pêl-droed?

A: Nac ydw. Ddim o gwbl. Dych chi byth yn rhy hen i chwarae pêl-droed!

Geirfa

amser	-	*time*
amser sbâr	-	*spare time*
Beth amdanoch chi?	-	*What about you?*
bwyta ma's	-	*to eat out*
byth	-	*never/ever*
cadw'n heini	-	*to keep fit*
canu	-	*to sing / to play an instrument*
cefnogi	-	*to support*
cerdded	-	*to walk*
cerddoriaeth (b)	-	*music*
cofio	-	*to remember*
coginio	-	*to cook*
chwarae	-	*to play*
chwaraeon	-	*sport(s)*
darllen	-	*to read*
dawnsio	-	*to dance*
dringo	-	*to climb*
dysgu	-	*to learn*
ddim o gwbl	-	*not at all*
garddio	-	*to garden*
gwrando ar	-	*to listen to*
hen	-	*old*
hoffi	-	*to like*

Ychwanegwch eirfa sy'n berthnasol i chi:

Add vocabulary that's relevant to you:

llawer	-	*a lot*
mynd am dro	-	*to go for a walk*
pêl-droed	-	*football*
peth(au)	-	*thing(s)*
pysgota	-	*to fish*
rygbi	-	*rugby*
rhedeg	-	*to run*
rhy	-	*too*
sboncen	-	*squash*

Gramadeg

Ydyn/Nac ydyn

If the question **Dych chi....?** *refers to more than one person,*
you need to answer **Ydyn/Nac ydyn** *(Yes, we do / No, we don't).*

Patrwm

* = *not yet introduced*

Dw i'n hoffi	Dw i ddim yn hoffi
Rwyt ti'n hoffi	Dwyt ti ddim yn hoffi
Mae e'n hoffi	Dyw e ddim yn hoffi
Mae hi'n hoffi	Dyw hi ddim yn hoffi
Dyn ni'n hoffi	Dyn ni ddim yn hoffi
Dych chi'n hoffi	Dych chi ddim yn hoffi
*Maen nhw'n hoffi	*Dyn nhw ddim yn hoffi

Cwrs Mynediad: Uned 9

Nod: Siarad am eiddo a pherthnasau *Discussing possessions and relations*

1. Mae Fiesta gyda fi — *I've got a Fiesta*
Mae Renault gyda ni — *We've got a Renault*
Does dim car gyda fi — *I haven't got a car*
Does dim car gyda ni — *We haven't got a car*

Oes car gyda ti? — *Have you got a car?/ Do you have a car?*
     gyda chi?
Oes/Nac oes — *Yes/No*

Trafod lluniau

Yn gyntaf/*First:*

Siaradwch am y lluniau gyda'ch partner.
Defnyddiwch 'Mae _____ gyda fi' ac yna newidiwch i 'Mae _____ gyda ni'.
    Talk about the pictures with your partner.
    Use 'Mae _____ gyda fi' and then change to 'Mae _____ gyda ni'.

Yna/*Then:*

Un partner i ddewis un o'r lluniau, a'r llall i ddyfalu: 'Oes _____ gyda ti?'
    One partner to choose one of the pictures and the other to guess: 'Oes _____ gyda ti?'

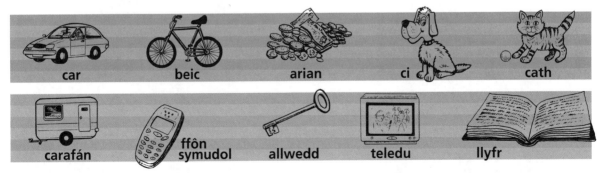

car   beic   arian   ci   cath

carafán   ffôn symudol   allwedd   teledu   llyfr

2. Mae un ferch gyda fi   *I've got one daughter*
        un mab   *I've got one son*
Mae dwy ferch gyda ni   *We've got two daughters*
        dau fab   *We've got two sons*
Does dim plant gyda fi   *I haven't got any children*

Oes plant gyda ti / gyda chi?   *Do you have children?*
  Oes/Nac oes   *Yes/No*

Faint o blant sy gyda ti/gyda chi?   *How many children do you have?*

Trafod y teulu

Talking about the family

Ewch o gwmpas y dosbarth yn holi 5 person am eu teulu:

Go around the class asking 5 people about their family:

	Enw	Brawd	Chwaer	Faint o blant?
1.				
2.				
3.				
4.				
5.				

3. Mae ci gyda fe   *He's got a dog*
Mae cath gyda hi   *She's got a cat*
Mae plant gyda nhw   *They've got children*

Does dim problem gyda fe   *He hasn't got a problem*
Does dim arian gyda hi   *She hasn't got money*
Does dim amser gyda nhw   *They haven't got time*

Oes ci gyda fe?   *Does he have a dog?*
Oes cath gyda hi?   *Does she have a cat?*
Oes plant gyda nhw?   *Do they have children?*
Oes/Nac oes   *Yes/No*

Holi am berthynas neu ffrind

Asking about a relative or friend

Holwch 2 berson am eu brawd/chwaer/ffrind.
Mae un golofn yn wag ar gyfer eich cwestiwn chi.

Ask 2 people about their brother/sister/friend.
One column is empty for your own question.

Enw	Enw brawd neu chwaer neu ffrind	Byw?	Car?	Plant?	?
1.					
2.					

Holiadur

Bydd eich tiwtor yn rhoi tasg arbennig i chi.
Your tutor will give you a special task.

Holwch y dosbarth: Oes _____ gyda chi?
Ask the class:

Enw	Oes _____ gyda chi?

Deialog

A: Oes **plant** gyda chi?

B: Nac oes, does dim **plant** gyda ni. Ond mae llawer o anifeiliaid gyda ni.

A: Faint o anifeiliaid sy gyda chi?

B: Mae **dwy gath** a **dau gi** gyda ni. Oes anifeiliaid gyda chi?

A: Oes a nac oes: mae **tri** mab a **dwy** ferch gyda ni!

B: Wel, does dim llawer o amser sbâr gyda chi, 'te.

A: Nac oes, does dim amser sbâr gyda fi ond mae pen tost gyda fi!

 # Geirfa

allwedd/i (b)	-	*key/s*
amser	-	*time*
anifail	-	*animal*
anifeiliaid	-	*animals*
arian	-	*money*
brawd	-	*brother*
car	-	*car*
carafán (b)	-	*caravan*
cath (b)	-	*cat*
ci	-	*dog*
cyfeiriad	-	*address*
cyfrifiadur	-	*computer*
chwaer (b)	-	*sister*
e-bost	-	*e-mail*
faint o + (e.ll.)	-	*how many*
		(+ plural noun)
ffôn symudol	-	*mobile phone*
ffonio	-	*to phone*
llyfr	-	*book*
mab	-	*son*
merch (b)	-	*daughter*
newydd	-	*new*
pen tost	-	*headache*
perthynas (b)	-	*relation*
perthnasau	-	*relations*
plant	-	*children*
problem (b)	-	*problem*
siarad	-	*to talk,*
		speak, chat
swydd (b)	-	*job*
teledu	-	*television*

 # Gramadeg

Oes/Nac oes

*If a question begins with **Oes**.....?*
*you need to answer **Oes/Nac oes**:*

Oes ci gyda ti?	**Oes**
Oes car gyda nhw?	**Nac oes**

Un, *dau, tri, pedwar* - Un, *dwy, tair, pedair*

2, 3 and 4 have feminine forms in Welsh,
used with feminine nouns:

> **dwy** ferch
> **tair** cath
> **pedair** swyddfa

Treigladau!

Un *is followed by a **soft mutation**
(**treiglad meddal**) when the noun is feminine:*
> un **f**erch

Dau *and* **dwy** *are followed by a **soft
mutation** (**treiglad meddal**):*
> dau **f**ab, dau **g**ar
> dwy **f**erch, dwy **g**ath

*It might be handy to have **more than two**
of everything to **avoid** the mutation, although
your partner/husband/wife might be surprised
to hear that you have more children than
he/she knew about!*

Cwrs Mynediad: Uned 10

Nod: Adolygu ac ymestyn *Revision and extension*

1. Oes diddordebau gyda ti? | *Have you got any interests?*
Oes/Nac oes | *Yes/No*
Dw i'n hoffi **nofio** | *I like **swimming***

Ble wyt ti'n mynd i **nofio**? | *Where do you go **swimming**?*
Dw i'n mynd i'r **ganolfan hamdden** | *I go to the **leisure centre***

Gyda phwy wyt ti'n mynd i **nofio**? | *With whom do you go **swimming**?*

Dw i'n mynd i **nofio** gyda ffrind | *I go **swimming** with a friend*
　　　　　　ar fy mhen fy hunan | *on my own*

Gyda phartner

Defnyddiwch y patrwm yma i siarad â'ch partner, gan newid y geiriau sydd mewn llythrennau trwm sawl gwaith. Dyma rai lluniau i'ch atgoffa o wahanol weithgareddau a gyflwynwyd yn Uned 8.

Use the above pattern to chat to your partner, changing the bold words many times.
Here are some photographs to remind you of various activities introduced in Unit 8.

2. Oes amser gyda chi?   *Have you got time?*
   Oes digon o amser gyda chi?   *Have you got enough time?*
   Oes arian gyda fe?   *Has he got money?*
   Oes gormod o arian gyda fe?   *Has he got too much money?*

   Mae digon o broblemau gyda fi   *I've got plenty of problems*
   Does dim digon o le gyda ni   *We haven't got enough room/space*
   Mae gormod o waith gyda chi   *You've got too much work*
   Does dim gormod o waith gyda nhw   *They haven't got too much work*

Holiadur

Ewch o gwmpas y dosbarth yn holi pobl. Bydd y tiwtor yn mynd dros y cwestiynau.
   Go around the class asking people questions. The tutor will remind you of the questions.

Enw	Digon o arian?	Hoffi darllen? Beth?	Mynd i'r ganolfan hamdden?	Hoffi plant?	Hoffi gwrando ar y radio?

3. Faint o blant sy gyda chi?   *How many children do you have?*

   Mae dau o blant gyda fi   *I have two children*

   Mae mab a merch gyda fi   *I have a son (1) and a daughter (1)*

   Mae dau fab a dwy ferch gyda fi   *I have two sons and two daughters*

   Mae tri mab ac un ferch gyda fi   *I have three sons and one daughter*

Gyda phartner

Siaradwch am y lluniau gyda'ch partner. Chi yw rhieni'r plant yma i gyd!
   Talk about the illustrations with your partner. You are these children's parents!

Faint o blant sy gyda chi?

4. Sut mae'r tywydd heddiw?   *What's the weather like today?*

Mae hi'n	rhy dwym	*It's*	*too hot*
	rhy heulog		*too sunny*
	rhy wyntog		*too windy*

Sut oedd y tywydd ddoe?   *What was the weather like yesterday?*

Roedd hi'n	stormus iawn	*It was*	*very stormy*
	oer iawn		*very cold*
	wlyb iawn		*very wet*

Darn i'w ddarllen yn uchel
Read the following piece aloud

Ddoe, roedd hi'n braf iawn yng Nghymru, ond roedd hi'n wyntog ger y môr.

Heddiw, mae hi'n bwrw glaw yn y Gorllewin, ond mae hi'n heulog yn y Dwyrain.

Dyw hi ddim yn rhy oer. Bydd hi'n bwrw glaw heno yn y Dwyrain.

Fory, bydd hi'n heulog iawn ym mhobman.

Pam? Does dim …

Mewn parau, paratowch atebion i'r cwestiynau sy'n dechrau â 'Does dim..'.
In pairs, prepare answers to the questions beginning with 'Does dim…'.

Cwestiwn	Ateb: Does dim …
1. Pam dych chi ddim yn mynd ar wyliau?	
2. Pam dych chi'n mynd i'r Job Centre?	
3. Pam dych chi ddim yn darllen llyfrau Harry Potter?	
4. Pam dych chi'n byw mewn carafán?	
5. Pam dych chi ddim yn ffonio o'r car?	
6. Pam dych chi'n rhy oer?	
7. Pam dych chi'n mynd i'r Lonely Hearts Club?	
8. Pam dych chi ddim yn dod i'r dosbarth?	
9. Pam dych chi'n gofyn am lifft?	
10. Pam dych chi'n methu mynd i'r tŷ?	

Gyda'ch partner, cysylltwch yr ateb â'r cwestiwn
With a partner, connect the answer to the question

1. Oes digon o amser gyda chi? (✗)
2. Wyt ti'n hoffi chwarae pêl-droed? (✔)
3. Ydy hi'n braf iawn heddiw? (✔)
4. Oedd hi'n bwrw glaw ddoe? (✗)
5. Athro ydy e? (✔)
6. Wyt ti a John yn hoffi gwylio rygbi? (✔)
7. Wyt ti'n gweithio yfory? (✗)
8. Oes car gyda nhw? (✔)
9. John Davies dych chi? (✗)
10. Oedd hi'n braf yn Sbaen? (✔)
11. Ydy e'n hoffi chwarae sboncen? (✗)
12. Dych chi a Margaret yn mynd i Gaerdydd? (✗)

a. Nac oedd
b. Ydyn
c. Oes
ch. Oedd
d. Nac ydy
dd. Nac oes
e. Ydy
f. Nac ydyn
ff. Ydw
g. Nage
ng. Ie
h. Nac ydw

5. Rhifau o 10 - 100

11	-	un deg un
20	-	dau ddeg
24	-	dau ddeg pedwar
36	-	tri deg chwech
78	-	saith deg wyth
95	-	naw deg pump
100	-	cant

 Gwrando

Gwrandewch ar y deialogau a rhowch lythyren yr ateb cywir yn y blwch.

Listen to the dialogues and put the letter of the correct answer in the box.

Deialog 1

1. Sut mae'r tywydd?

    a   b   c   Ateb

2. I ble mae Heulwen yn mynd?

    a   b   c   Ateb

3. I ble mae Marged yn mynd?

    a   b   c   Ateb

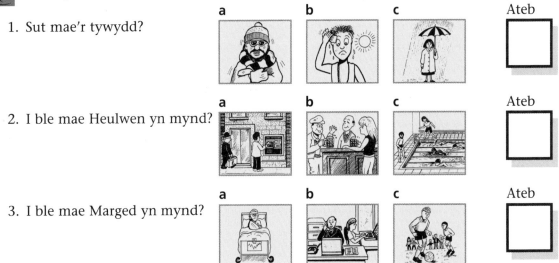

Deialog 2

4. Ble mae Huw yn byw?   (a) Caerdydd   (b) Caersŵs   (c) Caerfyrddin

Ateb

5. Beth mae Huw'n wneud?

    a   b   c   Ateb

4. Faint o blant sy gyda Huw?

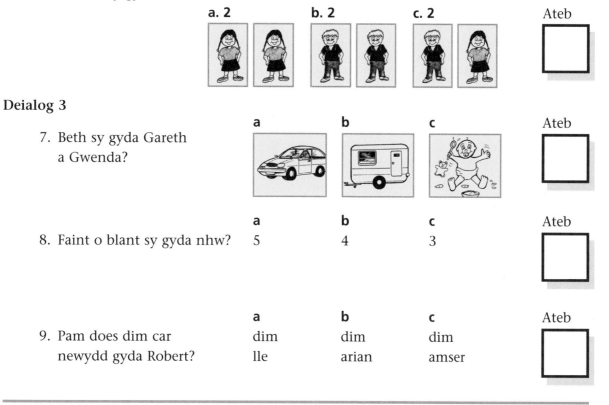

a. 2   **b. 2**   **c. 2**   Ateb

Deialog 3

	a	b	c	Ateb
7. Beth sy gyda Gareth a Gwenda?				

	a	b	c	Ateb
8. Faint o blant sy gyda nhw?	5	4	3	

	a	b	c	Ateb
9. Pam does dim car newydd gyda Robert?	dim lle	dim arian	dim amser	

Geirfa

canolfan hamdden (b)	-	*leisure centre*
digon	-	*enough, plenty*
gormod	-	*too much*
gwaith	-	*work*
heulog	-	*sunny*
lle	-	*place/room (not in house)/space*
llyfr/au	-	*book/s*
methu	-	*to fail, not be able to*
problem/au (b)	-	*problem/s*
rhy + Treiglad Meddal	-	*too (+ soft mutation)*

Rhestr gyfair *Check list*

✔ **Ticiwch beth dych chi'n gallu wneud.** *Tick what you can do.*

☐ Dw i'n gallu dweud ble dw i'n mynd
I can say where I'm going

☐ Dw i'n gallu dweud beth dw i'n mynd i'w wneud
I can say what I'm going to do

☐ Dw i'n gallu holi person arall ble mae e/hi'n mynd
I can ask another person where he/she's going

☐ Dw i'n gallu holi person arall beth mae e/hi'n mynd i'w wneud
I can ask another person what he/she's going to do

☐ Dw i'n gallu dweud ble mae person arall yn mynd
I can say where another person is going

☐ Dw i'n gallu dweud beth mae person arall yn mynd i'w wneud
I can say what another person is going to do

☐ Dw i'n gallu siarad am y tywydd heddiw
I can talk about the weather today

☐ Dw i'n gallu siarad am y tywydd ddoe
I can talk about the weather yesterday

☐ Dw i'n gallu siarad am y tywydd fory
I can talk about the weather tomorrow

☐ Dw i'n gallu siarad am fy niddordebau
I can talk about my interests

☐ Dw i'n gallu holi person arall am ei ddiddordebau
I can ask another person about his interests

☐ Dw i'n gallu siarad am ddiddordebau person arall
I can talk about another person's interests

☐ Dw i'n gallu siarad am bethau sy gyda fi
I can talk about things that I have/own

☐ Dw i'n gallu holi pobl eraill beth sy gyda nhw
I can ask other people what they have/own

☐ Dw i'n gallu siarad am bethau sy gyda phobl eraill
I can talk about things that other people have/own

Patrymau unedau 6-10
Patterns of units 6-10

Y Presennol / *The Present Tense*

Cadarnhaol *Affirmative*	Negyddol *Negative*	Cwestiwn *Question*
Dw i'n mynd ma's	Dw i ddim yn hoffi nofio	Dw i'n mynd i siopa?
Rwyt ti'n ...	Dwyt ti ddim yn ...	Wyt ti'n ...?
Mae e'n ...	Dyw e ddim yn ...	Ydy e'n ...?
Mae hi'n ...	Dyw hi ddim yn ...	Ydy hi'n ...?
Dyn ni'n ...	Dyn ni ddim yn ...	Dyn ni'n ...?
Dych chi'n ...	Dych chi ddim yn ...	Dych chi'n ...?
*Maen nhw'n ...	*Dyn nhw ddim yn ...	*Dyn nhw'n ...?

You'll come across these forms later in the course.

Y Tywydd / *The Weather*

	Cadarnhaol *Affirmative*	Negyddol *Negative*	Cwestiwn *Question*
Now	Mae hi'n braf	Dyw hi ddim yn gymylog	Ydy hi'n gymylog?
In the past	Roedd hi'n sych	Doedd hi ddim yn oer	Oedd hi'n gynnes?
In the future	Bydd hi'n wyntog	*Fydd hi ddim yn niwlog	*Fydd hi'n stormus?

These haven't been introduced yet.

Eiddo / *Possessions*

Cadarnhaol *Affirmative*	Negyddol *Negative*	Cwestiwn *Question*
Mae car gyda fi	Does dim car gyda fi	Oes car gyda fi?
Mae car gyda ti	Does dim car gyda ti	Oes car gyda ti?
Mae car gyda fe	Does dim car gyda fe	Oes car gyda fe?
Mae car gyda hi	Does dim car gyda hi	Oes car gyda hi?
Mae car gyda ni	Does dim car gyda ni	Oes car gyda ni?
Mae car gyda chi	Does dim car gyda chi	Oes car gyda chi?
Mae car gyda nhw	Does dim car gyda nhw	Oes car gyda nhw?

Geirfa Graidd - unedau 5–10

amser	-	*time*
amser sbâr	-	*spare time*
anifail	-	*animal*
anifeiliaid	-	*animals*
arian	-	*money*
braf	-	*fine (weather)*
bwrw cesair	-	*to hail*
bwrw eira	-	*to snow*
bwrw glaw	-	*to rain*
bwyd	-	*food*
bwyta ma's	-	*to eat out*
cadw'n heini	-	*to keep fit*
canolfan hamdden (b)	-	*leisure centre*
canu	-	*to sing / to play an instrument*
car	-	*car*
carafán (b)	-	*caravan*
cerddoriaeth (b)	-	*music*
cofio	-	*to remember*
coginio	-	*to cook*
cyfeiriad	-	*address*
cyfrifiadur	-	*computer*
cymylog	-	*cloudy*
cynnes	-	*warm*
chwarae	-	*to play*

chwaraeon	-	*sport(s)*
darllen	-	*to read*
deintydd	-	*dentist*
diddordebau	-	*interests*
diflas	-	*miserable*
digon	-	*enough, plenty*
dillad	-	*clothes*
dros	-	*over*
dysgu	-	*to learn*
ddim o gwbl	-	*not at all*
e-bost	-	*e-mail*
edrych ar y teledu	-	*to watch television*
faint o + (e.ll.)	-	*how many (+ plural noun)*
ffonio	-	*to phone*
ffrindiau	-	*friends*
gardd (b)	-	*garden*
garddio	-	*to garden*
gêm (b)	-	*game*
gobeithio	-	*to hope*
gormod	-	*too much*
gwaeth	-	*worse*
gweld	-	*to see*
gwell	-	*better*
gwlyb	-	*wet*
gwrando ar	-	*to listen to*

gwyliau	-	*holidays*
gwyntog	-	*windy*
gyda phwy	-	*with whom*
hefyd	-	*as well, also*
hen	-	*old*
heulog	-	*sunny*
hoffi	-	*to like*
llawer	-	*a lot*
lle	-	*place/room (not in house)/space*
llyfr/au	-	*book/s*
mynd adre	-	*to go home*
mynd am dro	-	*to go for a walk*
mynd ma's	-	*to go out*
newydd	-	*new*
niwlog	-	*foggy*
nofio	-	*to swim*
nos (b)	-	*night*
nos yfory	-	*tomorrow night*
oer	-	*cold*
on'd yw hi?	-	*isn't it?*
os	-	*if*
pêl-droed	-	*football*
pen tost	-	*headache*
penwythnos	-	*weekend*
peth(au)	-	*thing(s)*

problem (b)	-	*problem*
prysur	-	*busy*
pwll nofio	-	*swimming pool*
pysgota	-	*to fish*
rygbi	-	*rugby*
rhedeg	-	*to run*
rhy + Tr. Meddal	-	*too (+soft mutation)*
siarad	-	*to talk, speak, chat*
sinema (b)	-	*cinema*
siopa	-	*to shop*
stormus	-	*stormy*
swydd (b)	-	*job*
sych	-	*dry*
tafarn (b)	-	*pub*
teledu	-	*television*
twym	-	*hot*
wythnos (b)	-	*week*
yfory/fory	-	*tomorrow*
ymlacio	-	*to relax*

Cwrs Mynediad: Uned 11

Nod: Siarad am deulu ac eiddo *Speaking about family and possessions*

1.

Fy nhad i	*My father*
Fy ngŵr i	*My husband*
Fy ngwraig i	*My wife*
Fy mhartner i	*My partner*
Fy nghariad i	*My boyfriend/girlfriend*
Fy mrawd i	*My brother*
Pwy yw e/hi?	*Who's he/she?*

Pwy yw e / hi?

Dyma eich:

tad, gŵr, gwraig, partner, cariad, brawd etc.

Mae eich partner yn mynd i ofyn pwy yw pwy.
   Your partner will ask who each one is. Take turns.

A: 'Pwy yw Elwyn?'
B: 'Fy mhartner i.'

| Elwyn | John | James | Mair | Natalie | Ffion | Dafydd | Gareth |

2.

Gwilym yw enw fy mrawd i	*My brother's name is Gwilym*
Bethan yw enw fy nghyfnither i	*My cousin's name is Bethan*
Margaret oedd enw fy mam-gu i	*My grandmother's name was Margaret*
Tom oedd enw fy nhad-cu i	*My grandfather's name was Tom*
Beth yw enw eich brawd chi?	*What is your brother's name?*
Beth oedd enw eich tad-cu chi?	*What was your grandfather's name?*

Holiadur enwau

A: Beth yw enw eich _____ chi?   **A:** Beth oedd enw eich _____ chi?

B: _____ yw enw fy _____ i.   **B:** _____ oedd enw fy _____ i.

Enw	Tad-cu	Mam-gu	Tad	Brawd	Cymydog	Doctor

 Pwy dw i?

Gyda phartner, meddyliwch am berson neu gymeriad enwog.
Paratowch hyd at 3 chliw i'r dosbarth gael dyfalu pwy yw e/hi.

> *With a partner, think about a famous person.*
> *Prepare up to 3 clues for the class to guess who he/she is.*

> e.e.   *Marge yw enw fy ngwraig i.*
>   *Lisa yw enw fy merch i.*
>   *Mr Burns yw enw fy mòs i.*

1._____

2._____

3._____

3.

209776 yw fy rhif ffôn i	*209776 is my phone number*
Dr Bassett yw fy noctor i	*Dr Bassett is my doctor*
Ford yw mêc fy nghar i	*Ford is the make of my car*
John yw enw fy mòs i	*John is the name of my boss*
Beth yw dy rif ffôn di?	*What's your phone number?*
Pwy yw dy ddoctor di?	*Who's your doctor?*
Beth yw mêc dy gar di?	*What make is your car?*
Beth yw enw dy fòs di?	*What's the name of your boss?*

Gyda'ch partner:

Gofynnwch y cwestiynau hyn i'ch partner a nodwch yr ateb:

Cwestiwn:	Ateb:
Pwy yw dy ddoctor di?	
Beth yw rhif dy gar di?	
Beth yw mêc dy gar di?	
Beth yw enw dy frawd neu dy chwaer di?	
Ble mae dy frawd neu dy chwaer yn byw?	
Beth oedd enw dy fam-gu di?	
Beth yw enw dy gymydog di?	

Deialog

A: Beth yw enw **dy frawd** di?

B: **Idris**. Mae e'n byw yn Wrecsam.

A: A beth yw enw dy **dad** a dy **fam**?

B: Graham yw enw fy **nhad** i a Meriel yw enw fy **mam** i.

A: Graham Morgan?

B: Ie, 'na fe. Mae e'n dod o **Bort Talbot** yn wreiddiol.

A: Wel, wel, dw i'n nabod Graham Morgan!

Geirfa

bòs	-	*boss*
cefnder	-	*cousin (male)*
cyfnither (b)	-	*cousin (female)*
cymydog	-	*neighbour*
cymdogion	-	*neighbours*
gŵr	-	*husband*
gwraig (b)	-	*wife*
llaw	-	*hand*
mam-gu (b)	-	*grandmother*
mêc	-	*make (as in car)*
nabod	-	*to know (a person)*
rhieni	-	*parents*
tad-cu	-	*grandfather*
yng-nghyfraith	-	*in-law*

Ychwanegwch eirfa sy'n berthnasol i chi:
Add vocabulary that's relevant to you:

Gramadeg

Fy _____ i

Mae **Treiglad Trwynol** ar ôl **fy**:

partner	>	fy **mh**artner i
brawd	>	fy **m**rawd i
tad-cu	>	fy **nh**ad-cu i
doctor	>	fy **n**octor i
cariad	>	fy **ngh**ariad i
gwraig	>	fy **ng**wraig i

Y Treiglad Trwynol
Nasal Mutation

P	→	Mh
B	→	M
T	→	Nh
D	→	N
C	→	Ngh
G	→	Ng

*People usually say '**y**' rather than '**fy**'. So:*

	'fy mrawd i'	*will be pronounced*	'y mrawd i'
and	'fy ngŵr i'	*will be pronounced*	'y ngŵr i.'

*If there isn't a mutation, people usually say '**yn**' rather than* **fy**:

	'fy enw i'	*becomes*	'yn enw i'
and	'fy chwaer i'	*becomes*	'yn chwaer i'

Dy _____ di

Mae **Treiglad Meddal** ar ôl **dy**:

plant	>	dy **b**lant di
brawd	>	dy **f**rawd di
teulu	>	dy **d**eulu di
doctor	>	dy **dd**octor di
cariad	>	dy **g**ariad di
gŵr	>	dy **ŵ**r di
mam	>	dy **f**am di
llaw	>	dy **l**aw di
rhieni	>	dy **r**ieni di

Y Treiglad Meddal
Soft Mutation

P	→	B
B	→	F
T	→	D
D	→	Dd
C	→	G
G	→	...
M	→	F
Ll	→	L
Rh	→	R

Does **dim** treiglad ar ôl **eich**. Hwrê!

Cwrs Mynediad: Uned 12

Nod: Siarad am deulu ac eiddo *Speaking about family and possessions*

1.

Faint yw oedran ei ferch e?	- *How old is his daughter?*
Mae hi'n flwydd oed	- *She's a year (old)*
Faint yw oedran ei fab e?	- *How old is his son?*
Mae e'n ddwy oed	- *He's two (years old)*
Faint yw oedran ei merch hi?	- *How old is her daughter?*
Mae hi'n dair oed	- *She's three*
Faint yw oedran ei mab hi?	- *How old is her son?*
Mae e'n bedair oed	- *He's four*
Dych chi'n nabod ei dad e?	- *Do you know his father?*
Ydw, dw i'n nabod ei dad e	- *Yes, I know his father*
Nac ydw, dw i ddim yn nabod ei dad e	- *No, I don't know his father*
Dw i'n nabod ei frawd e	- *I know his brother*
Dw i'n nabod ei gefnder e	- *I know his cousin*
Dych chi'n nabod ei thad hi?	- *Do you know her father?*
Ydw, dw i'n nabod ei thad hi	- *Yes, I know her father*
Nac ydw, dw i ddim yn nabod ei thad hi	- *No, I don't know her father*
Dw i'n nabod ei brawd hi	- *I know her brother*
Dw i'n nabod ei chefnder hi	- *I know her cousin*

Cwrs Mynediad: Uned 12

Wyt ti'n nabod...?

Dyma deulu Siôn. Dych chi'n nabod 5 aelod o'r teulu ac mae eich partner yn nabod y lleill.

1. Trafodwch gyda'ch partner a rhowch ✔ ar bwys y rhai dych chi'n nabod.
2. Rhowch enwau, gwaith a diddordebau dychmygol iddyn nhw.
3. Atebwch gwestiynau eich partner amdanyn nhw.

This is Siôn's family. You know 5 members of the family and your partner knows the others. Discuss with your partner, tick those that you know, create an imaginary life (names, work, interests) for them and answer your partner's questions about them.

Siôn

2.	**Ble mae ei chot hi?**	*Where's her coat?*
	Wrth y drws	*By the door*
	Ble mae ei got e?	*Where's his coat?*
	Yn y car	*In the car*
	Ble mae ei lyfr sieciau e?	*Where's his cheque book?*
	O dan y ford	*Under the table*
	Ble mae ei phwrs hi?	*Where's her purse?*
	Ar y silff	*On the shelf*
	Ble mae ei arian e?	*Where's his money?*
	Yn ei boced e	*In his pocket*
	Ble mae ei harian hi?	*Where's her money?*
	Yn ei phoced hi	*In her pocket*

 Ble mae ei ….?

Gyda'ch partner, gofynnwch ble mae'r pethau yma ac ateb ar sail y lluniau:

> *With your partner, ask where these things are, answering according to the pictures:*

A: Ble mae ei _____ e?   **A:** Ble mae ei _____ hi?

B: Yn y _____ / Ar y _____.   **B:** Yn y _____ / Ar y _____.

Holi am ffrind

> *Asking about a friend*

**Gyda'ch partner, meddyliwch am gwestiynau
i'w gofyn am ffrind (dychmygol efallai).**

> *With your partner, think of questions to ask
> about a friend (an imaginary friend if you like).*

Yn eich tro, gofynnwch y cwestiynau. Ysgrifennwch yr atebion yn y grid.

> *Then take your turns to ask the questions. Write the answers on the grid.*

Er enghraifft:

Enw	Eirian
Oedran	30
Gwaith	Doctor
Enw'r tŷ	Cartrefle
Enw'r ci	Y Cyrnol
Mêc y car	Volvo

Enw	
Oedran	
Gwaith	
Enw'r tŷ	
Enw'r ci	
Mêc y car	

Deialog

A: Wyt ti'n nabod **Carwyn Price**?

B: Beth yw **ei waith e**?

A: **Trydanwr** yw e, dw i'n credu.

B: Ydy **e**'n briod?

A: Ydy, ond dw i ddim yn cofio beth yw enw **ei wraig e**.

B: Faint yw oedran **ei blant e**?

A: Mae **ei ferch e**'n ddwy, ac mae **ei fab e**'n bedair.

Newidiwch y ddeialog, gan ddechrau fel hyn:
> *Change the dialogue, starting like this:*

A: Wyt ti'n nabod **Caryl Puw**?

Ychwanegwch eirfa sy'n berthnasol i chi:
> *Add vocabulary that's relevant to you:*

Geirfa

allwedd/i (b)	-	*key/s*
anti/modryb (b)	-	*aunt*
ar	-	*on*
ar ben	-	*on top of*
arian	-	*money*
bocs	-	*box*
cadair (b)	-	*chair*
cadair freichiau (b)	-	*armchair*
camera	-	*camera*
cefnder	-	*cousin (male)*
cyfnither (b)	-	*cousin (female)*
cot (b)	-	*coat*
drws	-	*door*
llyfr	-	*book*
llyfr sieciau	-	*cheque book*
o dan	-	*under*
papur (newydd)	-	*(news)paper*
paned (b)	-	*cuppa, cup of tea or coffee*
pensel (b)	-	*pencil*
poced (b)	-	*pocket*
priod	-	*married*
pwrs	-	*purse*
teledu	-	*television*
wrth	-	*by*
ŵyr	-	*grandson*
wyres (b)	-	*grand-daughter*
yncl/ewythr	-	*uncle*

 Gramadeg

Treiglad Meddal ar ôl 'ei' (gwrywaidd)
Soft Mutation after 'ei' (masculine)

Treiglad Llaes ar ôl 'ei' (benywaidd) (dim ond 'p', 't' ac 'c') + 'h' cyn llafariad
Aspirate Mutation after 'ei' (feminine) (only 'p', 't' and 'c') + 'h' before a vowel

plant	ei **b**lant e	ei **ph**lant hi
tad	ei **d**ad e	ei **th**ad hi
cefnder	ei **g**efnder e	ei **ch**efnder hi
brawd	ei **f**rawd e	ei brawd hi
doctor	ei **dd**octor e	ei doctor hi
gwaith	ei _waith e	ei gwaith hi
mam	ei **f**am e	ei mam hi
llaw	ei **l**aw e	ei llaw hi
rhieni	ei **r**ieni e	ei rhieni hi
enw	ei enw e	ei **h**enw hi

Oedran
Age

*When we talk about age, regardless of whether a person is feminine or masculine, we use the **feminine** form of numbers because we are referring to the word for year = **blwydd**, which is feminine.*

The 'older' forms of numbers are used from 11 - 30 and for 40, 50, 60 and 80. See the examples opposite.

Ask the tutor if you need a particular age.

Mae Garmon yn **ddwy** oed

Mae Lisa yn **bedair** oed

Mae Marc yn **dair** oed

11 – un ar ddeg

12 – deuddeg

22 – dwy ar hugain

Cwrs Mynediad: Uned 13

Nod: Trafod yr amser *Discussing the time*

1. **Faint o'r gloch yw hi?** / *What time is it?*

Mae hi'n un o'r gloch	*It's one o'clock*
Mae hi'n ddau o'r gloch	*It's two o'clock*
Mae hi'n un ar ddeg	*It's eleven*
Mae hi'n ddeuddeg	*It's twelve*
Mae hi'n hanner dydd	*It's midday*
Mae hi'n hanner nos	*It's midnight*
Mae hi'n chwarter wedi dau	*It's a quarter past two*
Mae hi'n hanner awr wedi dau	*It's half past two*
Mae hi'n chwarter i dri	*It's a quarter to three*
Mae hi'n amser codi	*It's time to get up*
Mae hi'n amser coffi	*It's coffee time*
Mae hi'n amser mynd adre	*It's time to go home*

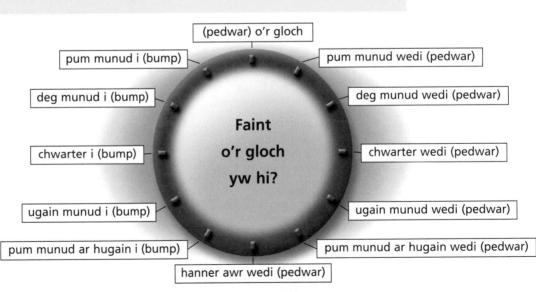

(pedwar) o'r gloch

pum munud i (bump) — pum munud wedi (pedwar)

deg munud i (bump) — deg munud wedi (pedwar)

chwarter i (bump) — **Faint o'r gloch yw hi?** — chwarter wedi (pedwar)

ugain munud i (bump) — ugain munud wedi (pedwar)

pum munud ar hugain i (bump) — pum munud ar hugain wedi (pedwar)

hanner awr wedi (pedwar)

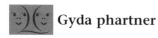

Gyda phartner

A: Faint o'r gloch yw hi?

B: Mae hi'n _____

2. Pryd wyt ti'n codi?   *When do you get up?*
   Am saith o'r gloch   *At seven o'clock*
   Am chwarter i wyth   *At a quarter to eight*

  Pryd dych chi'n mynd adre?   *When do you go home?*
   Am bump o'r gloch   *At five o'clock*
   Am ddeg munud wedi pump   *At ten past five*
   Am bum munud i bedwar   *At five to four*

  Pryd maen nhw'n mynd i'r gwely?   *When do they go to bed?*
   Am ddeg o'r gloch   *At ten o'clock*
   Am ugain munud wedi deg   *At twenty past ten*
   Am bum munud ar hugain i hanner nos   *At twenty five to midnight*

Fi	_____, _____
codi	
mynd i'r gwaith	
gorffen gwaith	
cyrraedd adre	
cael swper	
edrych ar y newyddion	
mynd i'r gwely	

Am faint o'r gloch wyt ti'n
_____?

Pryd wyt ti'n
_____?

Diwrnod Delyth
Partner A

C: Ble mae Delyth am _____?
A: Mae hi _____

7.45	_____
8.00	_____ yn cael brecwast _____
8.30	_____
9.00	_____ yn y swyddfa _____
11.15	_____
12.30	_____ yn cael cinio yn y dre _____
1.30	_____
2.20	_____ yn cael te _____
5.40	_____
6.15	_____ yn coginio _____
7.00	_____
8.45	_____ yn y dafarn _____
10.30	_____

Deialog

A: Esgusodwch fi, ond dych chi'n hwyr.
B: Yn hwyr? Faint o'r gloch yw hi, 'te?
A: Mae hi'n **ddau** o'r gloch. Dych chi yma am chwarter i **ddau** fel arfer.
B: Am **ddau** dw i'n dechrau gweithio, felly dw i'n gynnar fel arfer.
A: O, dw i'n gweld.
.   Mae'n ddrwg gyda fi.
B: **Popeth yn iawn.**

(Partner B - tudalen 78)

Geirfa

am (+ TM)	-	*at (time)*
ar y ffordd	-	*on the way*
brecwast	-	*breakfast*
cawod (b)	-	*shower*
cinio	-	*lunch*
cynnar	-	*early*
cyrraedd	-	*to arrive*
enwog	-	*famous*
fel arfer	-	*usually*
ffordd (b)/ffyrdd	-	*way/s, road/s*
hanner dydd	-	*midday*
hanner nos	-	*midnight*
hwyr	-	*late*
mae'n ddrwg gyda fi	-	*I'm sorry*
o'r gloch	-	*o'clock*
popeth yn iawn	-	*not to worry, fine*
Pryd?	-	*When?*
seren (b)/sêr	-	*star/s*
swper	-	*supper*
tafarn/au (b)	-	*pub/s*

Ychwanegwch eirfa sy'n berthnasol i chi:

Add vocabulary that's relevant to you:

Gramadeg

Time, Numbers and Soft Mutations!

*We saw in the last unit that the traditional numbers are used when talking about **age**.*
***Time** is another area where traditional numbers are still used:*

un ar ddeg	*eleven*
deuddeg	*twelve*
ugain munud i/wedi	*twenty to/past*
pum munud ar hugain i/wedi	*twenty five to/past*

Mae **Treiglad Meddal** ar ôl **i** ac **am**.

ugain munud i **b**ump	*twenty to five*
am **d**ri o'r gloch	*at three o'clock*
am **dd**eg munud i bedwar	*at ten to four*

Maen nhw'n mynd

They go/They are going

The full pattern of the present tense has now been introduced:

Dw i	Dw i ddim
Rwyt ti	Dwyt ti ddim
Mae e/hi	Dyw e/hi ddim
Dyn ni	Dyn ni ddim
Dych chi	Dych chi ddim
Maen nhw	Dyn nhw ddim

Diwrnod Delyth
Partner B

C: Ble mae Delyth am _____?
A: Mae hi _____

7.45	_____ yn y gawod _____
8.00	_____
8.30	_____ ar y bws _____
9.00	_____
11.15	_____ yn cael coffi _____
12.30	_____
1.30	_____ nôl yn y gwaith _____
2.20	_____
5.40	_____ ar y ffordd adre _____
6.15	_____
7.00	_____ yn bwyta swper _____
8.45	_____
10.30	_____ yn cysgu ar y bar! _____

Cwrs Mynediad: Uned 14

Nod: Trafod y gorffennol *Discussing the past*

1.

Es i i weld ffrindiau	*I went to see friends*
i'r gêm	*I went to the game*
am dro	*I went for a walk*
i'r gwaith	*I went to work*

Ble est ti ddoe?	*Where did you go yesterday?*
Ble aethoch chi neithiwr?	*Where did you go last night?*

Es i ddim i'r dafarn	*I didn't go to the pub*
Es i ddim i Abertawe	*I didn't go to Swansea*
Es i ddim i'r pwll nofio	*I didn't go to the swimming pool*

Est ti i'r banc bore ddoe?	*Did you go to the bank yesterday morning?*
Aethoch chi i Aberystwyth?	*Did you go to Aberystwyth?*

DO / NADDO	*Yes / No*

Ble est ti? / Ble aethoch chi?

Partner A

Chi		Eich partner	
Dydd Llun	i Ddinbych	Dydd Llun	
Dydd Mawrth	i'r gwaith	Dydd Mawrth	
Dydd Mercher	i nofio	Dydd Mercher	
Dydd Iau	i gael pryd o fwyd	Dydd Iau	
Dydd Gwener	i'r dafarn	Dydd Gwener	
Dydd Sadwrn	i weld gêm	Dydd Sadwrn	
Dydd Sul	i unman	Dydd Sul	

Ble est ti? / Ble aethoch chi?

Chi		Eich partner	
Dydd Llun	i siopa yn Llandudno	Dydd Llun	
Dydd Mawrth	i weld ffrind	Dydd Mawrth	
Dydd Mercher	i chwarae sboncen	Dydd Mercher	
Dydd Iau	i unman	Dydd Iau	
Dydd Gwener	i'r swyddfa	Dydd Gwener	
Dydd Sadwrn	i chwarae rygbi	Dydd Sadwrn	
Dydd Sul	i dŷ ffrindiau	Dydd Sul	

Gyda'r tiwtor/Gyda phartner

C: Est ti i'r swyddfa dydd Mawrth?   **C:** Aethoch chi i Tesco dydd Sadwrn?

A: **Do**, es i i'r swyddfa yn y bore.   **A:** **Naddo**, es i ddim i Tesco. Es i i Asda.

2.

Ges i gyri	*I had a curry*
beint	*I had a pint*
Ges i ddim byd	*I didn't have anything*
Ges i ddim gwin	*I didn't have any wine*

Beth gest ti neithiwr?   *What did you have last night?*
Beth gaethoch chi?   *What did you have?*

Gest ti hwyl? / Gaethoch chi hwyl?   *Did you have fun?*
DO / NADDO   *Yes / No*

Beth gest ti i fwyta?
Beth gaethoch chi i yfed?

Ges i dost i frecwast
Ges i frechdan i ginio
Ges i gyw iâr i de
Ges i gyri, sglodion a gwin i swper!

Beth gest ti cyn mynd i'r gwely?!

Gêm drac

Symudwch o gwmpas y trac.

Bydd eich tiwtor yn dweud pa gwestiynau i'w gofyn.

Dechrau

Diwedd

3.

Des i yn y car	*I came by car*
mewn tacsi	*I came by taxi*
Ddes i ddim ar y trên	*I didn't come by train*
ar y bws	*I didn't come by bus*
Sut dest ti yma heno?	*How did you come here tonight?*
Sut daethoch chi?	*How did you come?*
Ddaethoch chi mewn awyren?	*Did you come by plane?*
Ddest ti mewn car?	*Did you come in a car?*
DO / NADDO	***Yes / No***

 Gyda phartner

Trafod:

C: Sut dest ti i'r dosbarth?'
A: Des i _____

Dyfalu:

C: Ddest ti i'r dosbarth _____?
A: Do/Naddo

Gyda phartner

C: Sut est ti i chwarae rygbi dydd Sadwrn?
A: Es i ar y bws.

C: Sut est ti i'r gwaith dydd Llun?
A: Es i ar gefn tractor!

Deialog

A: Ble est ti **neithiwr?**

B: Es i i **Abertawe**.

A: Pam est ti i **Abertawe**?

B: Es i **i'r ysbyty i weld ffrind.**

A: Pryd dest ti adre?

B: Des i adre am **ddeg o'r gloch**. Pam wyt ti'n gofyn?

A: Dw i'n hoffi gwybod ble wyt ti'n mynd. Fi yw dy **wraig** di!

Geirfa

ar gefn tractor	-	*on (the back of) a tractor*	llysiau	-	*vegetables*
awyren (b)	-	*plane*	neithiwr	-	*last night*
bore ddoe	-	*yesterday morning*	peint	-	*pint*
brechdan(au) (b)	-	*sandwich(es)*	pryd o fwyd	-	*a meal*
bwyta	-	*to eat*	prynu	-	*to buy*
cawl	-	*soup*	pysgod	-	*fish*
cig	-	*meat*	sboncen	-	*squash*
cwrw	-	*beer*	tacsi	-	*taxi*
cyn	-	*before*	tatws	-	*potatoes*
cyri	-	*curry*	tost	-	*toast*
cyw iâr	-	*chicken*	treiffl	-	*trifle*
diddorol	-	*interesting*	trên	-	*train*
Dinbych	-	*Denbigh*	unman	-	*nowhere*
ddoe	-	*yesterday*			
ffrind(iau)	-	*friend(s)*			
gweld	-	*to see*			
gwin	-	*wine*			
hwyl	-	*fun*			
i de	-	*for tea*			
i frecwast	-	*for breakfast*			
i fwyta	-	*to eat*			
i ginio	-	*for lunch/for dinner*			
i swper	-	*for supper*			
Lerpwl	-	*Liverpool*			

Ychwanegwch eirfa sy'n berthnasol i chi:

Add vocabulary that's relevant to you:

_____

_____

_____

 # Gramadeg

Gorffennol *mynd, dod* a *cael*

*The Past Tense of **mynd**, **dod** and **cael***

These are irregular verbs – the most useful verbs usually are!
The unit introduces the first and second persons only for the time being:

mynd	**dod**	**cael**
es i	des i	ges i (*or* ces i)
est ti	dest ti	gest ti (*or* cest ti)
aethoch chi	daethoch chi	gaethoch chi (*or* cawsoch chi)

Questions in the past

*You will notice that there is a **soft mutation** (Treiglad Meddal) to the verb*
if you are asking a question:

> **Dd**est ti yma mewn tacsi? - *Did you come here in a taxi?*

Answering Yes/No to a verb in the past tense

When answering Yes/No to a verb in the past tense, the answer is DO / NADDO:

> Gest ti hwyl? - *Did you have fun?*
> **Do / Naddo** - *Yes / No*

Negative statements

*There is often a **soft mutation** (Treiglad Meddal) in the negative form:*

> dod > **Dd**es i ddim - *I didn't come*

More about this in Uned 15!

More mutations! - Ges i goffi

When the action of the verb affects something or someone else, e.g.

> *I had - what did you have? - coffee*

*that something else, coffee in this case, is called an **object**, and it mutates softly.*

> Ges i **g**offi
> Ges i **d**e
> Ges i **g**yri

*If it's a **negative statement**, then it's the **dim** which mutates to **ddim**:*

> Ges i **ddim** coffi
> Ges i **ddim** te
> Ges i **ddim** cyri

Which is easy! Yes, well, it may all seem a bit complicated, but there will
be plenty of opportunities to get used to it over the next few units.

Cwrs Mynediad: Uned 15

Nod: Adolygu ac ymestyn *Revision and extension*

1.

Pwy yw hi?	*Who's she?*
Pwy yw e?	*Who's he?*
Fy merch i	*My daughter*
Fy nhad i	*My father*
Fy mrawd i	*My brother*

Huw yw enw fy nghefnder i	*My cousin's name is Huw*
Gareth yw enw ei gefnder e	*His cousin's name is Gareth*
Dafydd yw enw ei chefnder hi	*Her cousin's name is Dafydd*

Beth yw enw dy gefnder di?	*What's your cousin's name? (ti)*
Beth yw enw eich cefnder chi?	*What's your cousin's name? (chi)*

Tasg

Mewn grwpiau o 3, trafodwch eich ffotograffau o'r teulu/ffrindiau ac atebwch gwestiynau 'Pwy yw e/hi?'

In groups of 3, discuss the photographs of your family/friends and answer questions about who's who.

2.

Faint o'r gloch dych chi'n codi?	*What time do you get up?*
Tua hanner awr wedi saith	*Around half past seven*
Pryd dych chi'n cyrraedd y gwaith?	*When do you arrive at work?*
Tua deg munud i naw	*Around ten to nine*

Pryd dych chi'n gweithio?	*When do you work?*
Dw i'n gweithio o naw tan bump	*I work from nine to five*
Pryd mae _____ ar y teledu?	*When is _____ on the television?*
Mae _____ ar y teledu o hanner awr wedi saith tan wyth	*_____ is on the television from half past seven until eight*

Holiadur

Gofynnwch y cwestiynau hyn i'ch partner:
Ask your partner these questions:

1. Faint o'r gloch yw hi nawr?	
2. Faint o'r gloch wyt ti'n codi fel arfer?	
3. Pryd mae'r postmon yn dod?	
4. Faint o'r gloch wyt ti'n mynd i'r gwely fel arfer?	
5. Pryd wyt ti'n mynd i'r gwaith?	
6. Pryd mae _____ ar y teledu?	

Plismon Puw yn holi

Mae Plismon Puw eisiau gwybod ble aethoch chi bore
ddoe, prynhawn ddoe a neithiwr. Dyma rai posibiliadau:

PC Puw wants to know where you went yesterday morning,
yesterday afternoon and last night. Here are some possibilities:

Bore ddoe	Prynhawn ddoe	Neithiwr

Bydd y plismon hefyd yn gofyn cwestiynau eraill, er enghraifft:
The policeman will also ask other questions, for example:

> **Gyda phwy** aethoch chi i'r dafarn?
> **Sut** aethoch chi i'r dre i siopa?
> **Ble** gaethoch chi fwyd?
> **Faint o'r gloch** aethoch chi i'r dre / daethoch chi adre ...?

Paratowch eich atebion gyda phartner.
Prepare your answers with a partner.

📖 Darn darllen

Ddoe, roedd hi'n braf, felly es i am dro cyn brecwast. Wedyn es i i'r dre i gwrdd
â ffrind. Gaynor yw ei henw hi, ac mae hi a'i theulu'n byw ym Machynlleth nawr.

Tua deuddeg o'r gloch, des i nôl i'r tŷ a darllen y papur am hanner awr. Ges
i frechdan i ginio ar fy mhen fy hunan. Roedd hi'n dal yn braf, felly es i i'r ardd
i eistedd yn yr haul.

Neithiwr es i ma's i gael pryd o fwyd gyda ffrindiau o'r gwaith. Ges i gyw iâr
a sglodion, a hufen iâ i bwdin. Ges i botelaid o win coch hefyd. Des i adre mewn
tacsi, ac es i i'r gwely tua dau o'r gloch y bore!

3.

Ble est ti ar dy wyliau y llynedd?	*Where did you go on your*
Ble aethoch chi ar eich gwyliau y llynedd?	*holidays last year?*
Es i i Sbaen	*I went to Spain*
Gyda phwy est ti ar dy wyliau?	*With whom did you go on*
Gyda phwy aethoch chi ar eich gwyliau?	*holiday?*
Es i gyda'r teulu	*I went with the family*
Es i ar fy mhen fy hunan	*I went on my own*
Sut est ti ar dy wyliau?	*How did you go on holiday?*
Es i mewn awyren	*I went by plane*
Es i ar y bws	*I went by bus*
Beth gest ti i fwyta?	*What did you have to eat?*
Beth gaethoch chi i yfed?	*What did you have to drink?*
Ges i sangria	*I had sangria*

Holiadur Gwyliau

Enw	Ble?	Sut?	Pryd?	Gyda phwy?	Bwyta?	Yfed?

Gwrando

Gwrandewch ar y deialogau a rhowch lythyren yr ateb cywir yn y blwch.
Listen to the tape and put the letter of the correct answer in the box.

Deialog 1

Ateb

1. Pryd mae'r cyfarfod?

   a dydd Llun   **b** dydd Sul   **c** dydd Iau

2. Faint o'r gloch
   mae'r cyfarfod?

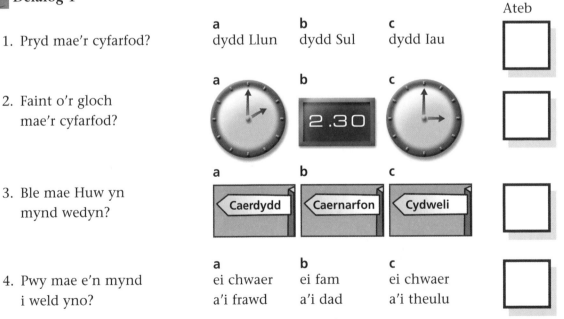

3. Ble mae Huw yn
   mynd wedyn?

4. Pwy mae e'n mynd
   i weld yno?

   a ei chwaer   **b** ei fam   **c** ei chwaer
     a'i frawd   a'i dad   a'i theulu

 **Deialog 2**

Dafydd sy'n gofyn y cwestiynau:
Dafydd is asking the questions:

Ateb

		a	**b**	**c**	
5.	Pryd des i nôl o 'ngwyliau?	y llynedd	neithiwr	dydd Mawrth	

		a	**b**	**c**	
6.	Ble es i ar fy ngwyliau?				

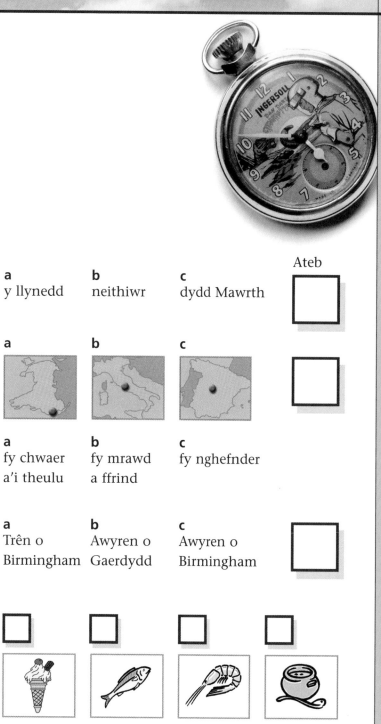

		a	**b**	**c**
7.	Gyda phwy es i ar fy ngwyliau?	fy chwaer a'i theulu	fy mrawd a ffrind	fy nghefnder

		a	**b**	**c**	
8.	Sut es i?	Trên o Birmingham	Awyren o Gaerdydd	Awyren o Birmingham	

9. Beth ges i i fwyta?
   (Ticiwch 2 ateb)

10. Beth ges i i yfed?
    (Ticiwch 1 ateb)

Geirfa

bwyd môr	-	*seafood*
cwrdd â	-	*to meet*
Ffrainc	-	*France*
hufen iâ	-	*ice cream*
i bwdin	-	*for dessert*
nawr	-	*now*
neithiwr	-	*last night*
potelaid	-	*a bottleful*
postmon	-	*postman*
Sbaen	-	*Spain*
sglodion	-	*chips*
tan	-	*until, to*
y llynedd	-	*last year*
yn dal yn braf	-	*still fine*

Misoedd y Flwyddyn

Ionawr	*January*
Chwefror	*February*
Mawrth	*March*
Ebrill	*April*
Mai	*May*
Mehefin	*June*
Gorffennaf	*July*
Awst	*August*
Medi	*September*
Hydref	*October*
Tachwedd	*November*
Rhagfyr	*December*

Ychwanegwch eirfa sy'n berthnasol i chi:
> *Add vocabulary that's relevant to you:*

Sylwch
> *Note:*

ym mis Awst	*in (the month of) August*
ym mis Ebrill	*in (the month of) April*

Rhestr gyfair *Check list*

✔ **Ticiwch beth dych chi'n gallu wneud. Yn Gymraeg!**
Tick what you can do. In Welsh!

 Dw i'n gallu siarad am fy nheulu ac eiddo
I can talk about my family and possessions

 Dw i'n gallu siarad am deulu ac eiddo rhywun arall
I can talk about someone else's family and possessions

 Dw i'n gallu gofyn cwestiynau am deulu ac eiddo
I can ask questions about family and possessions

 Dw i'n gallu gofyn faint o'r gloch yw hi
I can ask what time it is

 Dw i'n gallu dweud faint o'r gloch yw hi yn union ac yn fras
I can say exactly and approximately what time it is

 Dw i'n gallu dweud beth dw i'n wneud ar adegau arbennig o'r dydd
I can say what I do at certain times of the day

 Dw i'n gallu siarad am ble es i, sut des i a beth ges i i fwyta/yfed
I can speak about where I went, how I came and what I had to eat/drink

 Dw i'n gallu holi rhywun arall ble aethon nhw, sut daethon nhw a beth gaethon nhw i fwyta/yfed
I can ask someone else where they went, how they came and what they had to eat/drink

Dw i'n gallu trafod dulliau o deithio
I can discuss modes of transport

Patrymau unedau 11-15
Patterns of units 11-15

Treiglad Trwynol / *Nasal Mutation* ar ôl FY

partner	fy **mh**artner i
brawd	fy **m**rawd i
tad-cu	fy **nh**ad-cu i
doctor	fy **n**octor i
car	fy **ngh**ar i
gŵr / gwraig	fy **ng**ŵr i / fy **ng**wraig i

Treiglad Meddal / *Soft Mutation* ar ôl DY

partner	dy **b**artner di
brawd	dy **f**rawd di
tad-cu	dy **d**ad-cu di
doctor	dy **dd**octor di
car	dy **g**ar di
gŵr / gwraig	dy **_**ŵr di / dy **_**wraig di
mam	dy **f**am di
llaw	dy **l**aw di
rhieni	dy **r**ieni di

Treiglad Meddal / *Soft Mutation* ar ôl EI (his)

partner	ei **b**artner e etc

Treiglad Llaes / *Aspirate Mutation* ar ôl EI (her)   only **p**, **t** and **c** mutate

partner	ei **ph**artner hi
tad	ei **th**ad hi
cariad	ei **ch**ariad hi

Amser Gorffennol *mynd, dod* a *cael* / *Past tense of* **to go, to come** *and* **to have**

		Cadarnhaol *Affirmative*	**Negyddol** *Negative*	**Cwestiwn** *Question*
mynd	1	es i	es i ddim	es i?
	2 (ti)	est ti	est ti ddim	est ti?
	2 (chi)	aethoch chi	aethoch chi ddim	aethoch chi?
dod	1	des i	ddes i ddim	ddes i?
	2 (ti)	dest ti	ddest ti ddim	ddest ti?
	2 (chi)	daethoch chi	ddaethoch chi ddim	ddaethoch chi?
cael*	1	ges i	ges i ddim	ges i?
	2 (ti)	gest ti (*or* cest ti)	gest ti ddim	gest ti?
	2 (chi)	gaethoch chi	gaethoch chi ddim	gaethoch chi?

*The forms of **cael** given here are colloquial. You may also come across **ces i**, **ches i ddim** and **cawsoch chi, gawsoch chi?**

Treiglad meddal *in negative of some verbs –* **dd**es i ddim. *The strict rule is that verbs beginning in* b, d, g, m, ll *and* rh *have a soft mutation* (treiglad meddal) *–* **dd**es i ddim; *and that verbs starting in* p, t *or* c *have an aspirate mutation* (treiglad llaes). *The aspirate mutation, however –* **ch**es i ddim *– is rarely heard in spoken Welsh; you will normally hear* ges i ddim.

Treiglad meddal *in question forms –* **dd**est ti? gest ti?

Treiglad meddal *in the object –* Ges i goffi. Ges i frechdan jam.

Geirfa Graidd - unedau 11–15

allwedd(i) (b)	-	keys(s)
am (+ TM)	-	at (time)
ar	-	on
ar ben	-	on top of
ar gefn	-	on (the back of)
ar y ffordd	-	on the way
ateb	-	to answer
ateb(ion)	-	answer(s)
awyren (b)	-	plane
bocs	-	box
bore ddoe	-	yesterday morning
bòs	-	boss
brecwast	-	breakfast
brechdan (b)	-	sandwich
bwyd môr	-	seafood
bwyta	-	to eat
cadair (b)	-	chair
cadair freichiau (b) -		armchair
camera	-	camera
cawl	-	soup
cawod (b)	-	shower
cefnder	-	cousin (male)
cig	-	meat
cinio	-	lunch
coffi	-	coffee
cot (b)	-	coat
cwrdd â	-	to meet
cwrw	-	beer
cyfnither (b)	-	cousin (female)
cymydog (cymdogion)	-	neighbour(s)

cyn	-	before
cynnar	-	early
cyri	-	curry
cyrraedd	-	to arrive
cyw iâr	-	chicken
diddorol	-	interesting
Dinbych	-	Denbigh
drws	-	door
ddoe	-	yesterday
enwog	-	famous
fel arfer	-	usually
ffordd (b) (ffyrdd) -		way(s), road(s)
Ffrainc	-	France
ffrind(iau)	-	friend(s)
gweld	-	to see
gwin	-	wine
gŵr	-	husband
gwraig (b)	-	wife
hanner dydd	-	midday
hanner nos	-	midnight
hufen iâ	-	ice cream
hwyl	-	fun
hwyr	-	late
i bwdin	-	for dessert
i de	-	for tea
i frecwast	-	for breakfast
i fwyta	-	to eat
i ginio	-	for lunch/for dinner
i swper	-	for supper
Lerpwl	-	Liverpool
llaw (b)	-	hand

Misoedd y Flwyddyn

Ionawr	*January*
Chwefror	*February*
Mawrth	*March*
Ebrill	*April*
Mai	*May*
Mehefin	*June*
Gorffennaf	*July*
Awst	*August*
Medi	*September*
Hydref	*October*
Tachwedd	*November*
Rhagfyr	*December*

Yr Amser

The time

4.00	pedwar o'r gloch
4.05	pum munud wedi pedwar
4.10	deg munud wedi pedwar
4.15	chwarter wedi pedwar
4.20	ugain munud wedi pedwar
4.25	pum munud ar hugain wedi pedwar
4.30	hanner awr wedi pedwar
4.35	pum munud ar hugain i bump
4.40	ugain munud i bump
4.45	chwarter i bump
4.50	deg munud i bump
4.55	pum munud i bump

llyfr	-	*book*
llyfr sieciau	-	*cheque book*
mae'n ddrwg gyda fi	-	*I'm sorry*
mam-gu (b)	-	*grandmother*
mêc	-	*make (as in car)*
nabod	-	*to know (a person)*
nawr	-	*now*
neithiwr	-	*last night*
o dan	-	*under*
o'r gloch	-	*o'clock*
paned	-	*cuppa, a cup of tea or coffee*
papur (newydd)	-	*(news)paper*
peint	-	*pint*
pensel (b)	-	*pencil*
poced (b)	-	*pocket*
popeth yn iawn	-	*not to worry, fine*
potelaid	-	*bottleful*
postmon	-	*postman*

priod	-	*married*
Pryd?	-	*When?*
pryd o fwyd	-	*meal*
pwrs	-	*purse*
rhieni	-	*parents*
salad	-	*salad*
Sbaen	-	*Spain*
swper	-	*supper*
tacsi	-	*taxi*
tad-cu	-	*grandfather*
tafarn(au) (b)	-	*pub(s)*
tan	-	*until*
teledu	-	*television*
trên	-	*train*
wrth	-	*by*
ŵyr	-	*grandson*
wyres (b)	-	*grand-daughter*
y llynedd	-	*last year*
yn dal yn braf	-	*still fine*
yng-nghyfraith	-	*in-law*

Cwrs Mynediad: Uned 16

1.	**Beth wnaethoch chi neithiwr?**	*What did you do last night?*
	Gwnes i swper	*I made supper*
	Gwnes i'r gwaith cartre	*I did the homework*
	Wnes i ddim byd	*I didn't do anything*

2.	**Beth wnaethoch chi ddoe?**	*What did you do yesterday?*
	Gwelais i ffrind	*I saw a friend*
	Edrychais i ar y teledu	*I watched television*
	Bwytais i swper	*I ate supper*
	Ffoniais i ffrind	*I phoned a friend*
	Darllenais i'r papur	*I read the paper*
	Siaradais i â'r plant	*I talked to the children*
	Codais i'n hwyr	*I got up late*
	Gweithiais i yn yr ardd	*I worked in the garden*
	Cysgais i	*I slept*

Gyda phartner, trafodwch beth wnaethoch chi ddoe gan ddefnyddio'r lluniau yma:
With a partner, discuss what you did yesterday using these pictures:

Defnyddiwch **wedyn** i gysylltu'r brawddegau.
*Use **wedyn** to connect the sentences.*

 Gyda phartner arall, trafodwch beth wnaethoch chi ddoe go iawn!
With another partner, discuss what you really did yesterday!

3.	**Beth wnaeth Margaret ddoe?**	*What did Margaret do yesterday?*
	Gwelodd hi ffrind	*She saw a friend*
	Edrychodd hi ar y teledu	*She watched television*
	Bwytodd hi swper	*She ate supper*
	Ffoniodd hi ffrind	*She phoned a friend*
	Darllenodd hi'r papur	*She read the paper*
	Siaradodd hi â'r plant	*She talked to the children*
	Cododd hi'n hwyr	*She got up late*
	Gweithiodd hi yn yr ardd	*She worked in the garden*
	Cysgodd hi	*She slept*

 Defnyddiwch y lluniau i drafod beth wnaeth John ddoe, e.e. Gwelodd e ffrind
Use the pictures to discuss what John did yesterday, e.g Gwelodd e ffrind.

4.	**Wnaethoch chi'r gwaith cartre?**	*Did you do the home work?*
	Aethoch chi i'r sinema?	*Did you go to the cinema?*
	Weloch chi'r ffilm?	*Did you see the film?*
	Siaradoch chi â'r tiwtor?	*Did you speak to the tutor?*
	Gaethoch chi swper?	*Did you have supper?*
	Gysgoch chi neithiwr?	*Did you sleep last night?*
	Weithioch chi?	*Did you work?*
	DO	*Yes, I did.*
	NADDO	*No, I didn't*

Dw i eisiau cliw!

Bydd un o'r dosbarth yn meimio o flaen pawb arall. Rhaid
i chi ddyfalu beth wnaeth e neu hi a gofyn cwestiynau fel
'Weithioch chi yn yr ardd?' Bydd e neu hi'n ateb 'Do / Naddo.'
*One of the class will mime in front of everybody. You have to
guess what he or she did by asking questions like 'Weithioch
chi yn yr ardd?' He or she will answer 'Do / Naddo'.*

Cofiwch y Treiglad Meddal! - Bwyta ➡ Fwytoch chi?

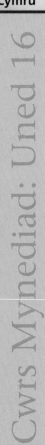

Ymarfer ti

Ceisiwch ymarfer newid yr **-och chi** i **-aist ti**, e.e. Fwytoch chi swper? ➜ Fwytaist ti swper?
Try practising changing the **-och chi** *to* **-aist ti**, *e.g.* Fwytoch chi swper? ➜ Fwytaist ti swper?

5.	**Ble aeth John?**	*Where did John go?*
	Beth wnaeth Margaret?	*What did Margaret do?*
	Pryd daeth e adre?	*When did he come home?*
	Beth gaeth hi i swper?	*What did she have for supper?*
	Aeth e i'r gwaith	*He went to work*
	Aeth hi i'r swyddfa	*She went to the office*
	Gwnaeth hi'r gwaith cartre	*She did the homework*
	Wnaeth e ddim byd	*He did nothing*
	Daeth e adre am un o'r gloch	*He came home at one o'clock*
	Daeth hi adre mewn tacsi	*She came home in a taxi*
	Gaeth hi salad	*She had a salad*
	Gaeth e ddim byd	*He had nothing*

Diwrnod John

Gyda'ch partner, meddyliwch am atebion i'r cwestiynau yma.
Think of questions to ask about John's day, using this grid:

Ble aeth John ddoe ?	
Beth wnaeth e?	
Pryd daeth e adre?	
Beth gaeth e i swper?	
Beth wnaeth e wedyn ?	

Gyda'ch partner eto, defnyddiwch y patrymau yn y tabl i siarad am y sefyllfaoedd yma:
With your partner again, use the patterns in the table to talk about these situations:

Sefyllfa 1
Situation 1

Tom went to Aberaeron to see the sea; he came home late and had chips for supper; he then watched television.

Sefyllfa 2
Situation 2

Carys went to Bangor and worked in the office; she came home at 5 o'clock and had sandwiches for supper; then she slept.

Sefyllfa 3
Situation 3

Mair went to Wrexham and did nothing; she came home at 1 o'clock and had salad for supper; then she read the paper.

Disgrifiwch ddiwrnod rhywun yn y dosbarth gan ddefnyddio'r un patrymau.
Describe the day that someone in the class had, using the same patterns.

Holiadur Prydau Bwyd

Meals Questionnaire

Gofynnwch i 5 person am y prydau bwyd gaethon nhw ddoe. E.e. Beth gest ti i frecwast ddoe? Beth gest ti i ginio ddoe? Beth gest ti i swper ddoe? Ysgrifennwch yr atebion. Ar ôl gorffen, trafodwch y bobl sy ar eich rhestr gyda'ch partner, e.e. Gaeth John spaghetti i swper. Beth gaeth John i frecwast?

Ask 5 people about the meals they had yesterday, e.g. Beth gest ti i frecwast ddoe? Beth gest ti i ginio ddoe? Beth gest ti i swper ddoe? Write the answers. When you have finished, discuss the people on your list with your partner, e.g. Gaeth John spaghetti i swper. Beth gaeth John i frecwast?

Enw	Brecwast	Cinio	Swper
1.			
2.			
3.			
4.			
5.			

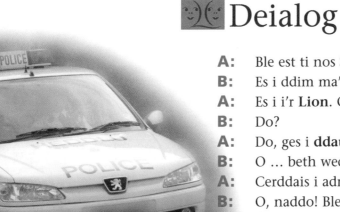

Deialog

A: Ble est ti nos **Sadwrn**?
B: Es i ddim ma's. Beth amdanat ti?
A: Es i i'r **Lion**. Gwelais i John.
B: Do?
A: Do, ges i **ddau beint** ond gaeth **John ddeg peint**.
B: O … beth wedyn?
A: Cerddais i adre. Gyrrodd John adre!
B: O, naddo! Ble mae e nawr?
A: Ar y ffordd i'r gwaith **mewn tacsi**.
B: Y diawl dwl!

Un Nos Sadwrn...

Llenwch y bylchau yn y darn hwn. Yna, bydd y tiwtor yn gofyn i rai o'r dosbarth ddarllen y paragraff yn uchel. Rhaid i chi wrando ar eu darnau nhw ac ateb y cwestiynau isod.

Fill the gaps in this piece. Then, your tutor will ask some of the class to read the paragraph out loud. Listen to their paragraphs and answer the questions below.

Nos Sadwrn

Nos Sadwrn, es i gyda _____, fy chwaer,

i'r sinema i weld y ffilm _____ . Aeth

fy chwaer adre i _____. Wedyn es i i'r

_____, tafarn yng nghanol y dre. Ges i

_____ fodca yn y dafarn ac yna gwelais

i _____, ffrind o'r gwaith. Es i a fy ffrind

i Bombay Spice i gael bwyd. Ges i _____ .

Blasus iawn!

Gofynnwch gwestiynau i'ch gilydd:

	1	2	3
1. Pwy aeth ma's nos Sadwrn?			
2. Beth yw enw ei chwaer e/hi?			
3. Beth welodd e/hi yn y sinema?			
4. Ble mae ei chwaer e/hi'n byw?			
5. Ble aeth e/hi wedyn?			
6. Beth gaeth e/hi i'w yfed?			
7. Pwy welodd e/hi yn y dafarn?			
8. Beth gaeth e/hi i'w fwyta yn y Bombay Spice?			

Geirfa

blasus	-	*tasty*
drwy'r dydd	-	*all day*
echdoe	-	*day before yesterday*
echnos	-	*night before yesterday*
eto	-	*again*
hanes	-	*news, story / history*
neb	-	*nobody, anyone*
pwdin	-	*dessert, pudding*
diawl dwl	-	*'mad fool' (idiom)*
y penwythnos		
diwethaf	-	*last weekend*

Nos Sul	*Sunday night*
Nos Lun	*Monday night*
Nos Fawrth	*Tuesday night*
Nos Fercher	*Wednesday night*
Nos Iau	*Thursday night*
Nos Wener	*Friday night*
Nos Sadwrn	*Saturday night*

**Ychwanegwch eirfa
sy'n berthnasol i chi:**
> *Add vocabulary that's
> relevant to you:*

 Gramadeg

Treiglad Llaes ar ôl 'a'
> *Aspirate Mutation after 'a'*

T	→	Th
C	→	Ch
P	→	Ph

e.e.

Gaeth e dost a **ch**offi i frecwast
> *He had toast and coffee for breakfast*

Gaeth hi gyw iâr a **ph**win reis i ginio
> *She had chicken and rice pudding
> for lunch/for dinner*

Beth wnaeth e nos Wener?
> *You will notice that there is a soft mutation (Treiglad Meddal) after* nos *(night).
> The translation of 'on Tuesday night' is* **nos Fawrth** *- you don't need to translate
> the 'on', just as the translation of 'on Tuesday' is* **dydd Mawrth**.

Patrymau'r gorffennol

The patterns of the Past Tense

For those of you grammar buffs who like to see nice, orderly patterns!
Notice that **mynd**, **dod** *and* **gwneud** *follow the same pattern exactly in the past tense.*
*As noted in the last unit, the forms of **cael** *given here are colloquial. You may also come across* ces i, ches i ddim, cafodd e, gafodd e?, chafodd e ddim *and* cawsoch chi, gawsoch chi? *etc.*

Mynd	**To go**	**Dod**	**To come**
Es i	*I went*	Des i	*I came*
Est ti	*You went*	Dest ti	*You came*
Aeth e/hi	*He/she went*	Daeth e/hi	*He/she came*
Aethon ni	*We went*	Daethon ni	*We came*
Aethoch chi	*You went*	Daethoch chi	*You came*
Aethon nhw	*They went*	Daethon nhw	*They came*
Es i ddim	*I didn't go*	Ddaeth hi ddim	*She didn't come*
Aeth e?	*Did he go?*	Ddaeth e?	*Did he come?*

Gwneud	**To do**	**Cael***	**To have**
Gwnes i	*I did*	Ges i	*I had*
Gwnest ti	*You did*	Gest ti	*You had*
Gwnaeth e/hi	*He/she did*	Gaeth e/hi	*He/she had*
Gwnaethon ni	*We did*	Gaethon ni	*We had*
Gwnaethoch chi	*You did*	Gaethoch chi	*You had*
Gwnaethon nhw	*They did*	Gaethon nhw	*They had*
Wnaethon ni ddim	*We didn't do*	Ges i ddim	*I didn't have*
Wnest ti?	*Did you do?*	Gest ti?	*Did you have?*

Gweld	**To see**	**Prynu**	**To buy**
Gwelais i	*I saw*	Prynais i	*I bought*
Gwelaist ti	*You saw*	Prynaist ti	*You bought*
Gwelodd e/hi	*He/she saw*	Prynodd e/hi	*He/she bought*
Gwelon ni	*We saw*	Prynon ni	*We bought*
Gweloch chi	*You saw*	Prynoch chi	*You bought*
Gwelon nhw	*They saw*	Prynon nhw	*They bought*
Welais i ddim	*I didn't see*	Phrynais i ddim	*I didn't buy*
Welodd e/hi?	*Did he/she see?*	Brynodd e/hi?	*Did he/she buy?*

Cwrs Mynediad: Uned 17

Nod: Rhoi stori/hanes mewn trefn arbennig *Telling what happened in a particular order*

1.

Ar ôl priodi	*After getting married*
Ar ôl ymddeol	*After retiring*
Ar ôl dechrau gweithio	*After starting work*
Ar ôl cael y plant	*After having children*
Cyn priodi	*Before getting married*
Cyn ymddeol	*Before retiring*
Cyn dechrau gweithio	*Before starting work*
Cyn cael y plant	*Before having children*
Pryd symudoch chi yma?	*When did you move here?*
Pryd dechreuoch chi ddysgu Cymraeg?	*When did you start learning Welsh?*

Holiadur byr

Gofynnwch y cwestiynau hyn i 3 o bobl a nodwch eu henwau wrth eu hatebion:

Ask 3 people these questions and make a note of their names next to their answers:

1. Pryd daethoch chi i'r dosbarth?

Enw			
Cyn cael swper neu ar ôl cael swper?			

2. **Pryd gaethoch chi frecwast heddiw?**

Enw			
Cyn cael cawod			
neu ar ôl cael cawod?			

3. **Pryd aethoch chi i'r gwely neithiwr?**

Enw			
Cyn gweld newyddion 10			
neu ar ôl gweld newyddion 10?			

4 **Pryd darllenoch chi'r papur heddiw?**

Enw			
Cyn 10 o'r gloch			
neu ar ôl 10 o'r gloch?			

2.

Ar ôl i fi fynd	*After I go/went*
Ar ôl i ti fynd	*After you go/went*
Ar ôl iddo fe fynd	*After he goes/went*
Ar ôl iddi hi fynd	*After she goes/went*
Cyn i ni orffen	*Before we finish/ed*
Cyn i chi orffen	*Before you finish/ed*
Cyn iddyn nhw orffen	*Before they finish/ed*
Cyn i'r wers orffen	*Before the lesson finishes/finished*

 **Stori Ddoe**

Gyda phartner

Dewiswch 5-6 llun a dwedwch beth wnaethoch chi ddoe, bob yn ail â'ch partner:

Choose 5-6 pictures and say what you did yesterday, working alternately with your partner:

Partner	**A:**	Codais i'n hwyr.
Partner	**B:**	Ar ôl i fi godi, ges i gawod.
Partner	**A:**	Ar ôl i fi gael cawod, …

Gweithiwch tuag yn ôl a defnyddio **cyn i fi …**

> *Work backwards using* **cyn i fi …**

Bydd eich tiwtor eisiau gwybod beth wnaethoch **chi a'ch partner**, felly paratowch:

ar ôl i ni… a cyn i ni …

> *Your tutor will want to know what **you and your partner** did as well.*

 **Rhoi stori mewn trefn**

Dyw'r stori hon ddim mewn trefn. Gyda phartner, penderfynwch ar drefn gywir y stori.

> *This story isn't in order. With a partner, decide on the correct order of the story.*

Eisteddodd Siân ar bwys
ei ffrind, Manon.
•
Sgrechiodd pawb ar y bws.
•
Aeth Siân a Manon i'r ysbyty
yn yr ambiwlans.
•
Aeth Siân i aros am y bws.
•
Bwytodd Siân ei brecwast.
•
Breciodd y bws.
•

Gaeth Siân gawod.
•
Daeth yr ambiwlans a'r heddlu.
•
Siaradodd Siân â Manon.
•
Cododd Siân yn gynnar.
•
Aeth Siân ma's.
•
Daeth car o rywle.
•
Daeth y bws.
•
Aeth y bws i mewn i wal.

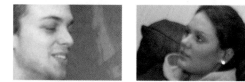

Deialog

A: Cyn i ti fynd …

B: Ie?

A: Ddigwyddodd rhywbeth ar ôl **i fi** adael y parti?

B: Naddo, gollest ti ddim byd. Wel, do, a dweud y gwir…

A: Beth, 'te?

B: Aeth Carol draw at Gethin a dechreuon nhw **siarad**.

A: Wir?

B: Ar ôl iddyn nhw **siarad** am sbel, taflodd Carol **beint** dros Gethin.

A: O …., dw i'n gwybod pam.

B: Wel, cyn i ti ddweud dim, dw i'n gwybod hefyd: mae **cariad** gyda Gethin yn barod.

Geirfa

a dweud y gwir	-	*to tell the truth*
am sbel	-	*for a while*
ar ôl	-	*after*
ar wyliau	-	*on holiday*
arall	-	*another*
brecio	-	*to brake*
cyn	-	*before*
eistedd	-	*to sit*
golchi eich dwylo	-	*to wash your hands*
gwisgo	-	*to dress, to wear*
priodi	-	*to get married*
rhywbeth	-	*something*
rhywle	-	*somewhere*
sgrechian	-	*scream*
symud	-	*to move*
taflu	-	*to throw*
yn barod	-	*already*

**Ychwanegwch eirfa
sy'n berthnasol i chi:**
*Add vocabulary that's
relevant to you:*

g Gramadeg

Ar ôl / Cyn

After saying - Ar ôl dweud
Before saying - Cyn dweud

When you want to show **who** *is doing the action,*
you must use - i fi... i ti... etc.

> Ar ôl i fi ddweud
> Ar ôl i ti ddweud
> Ar ôl iddo fe ddweud
> Ar ôl iddi hi ddweud
>
> Cyn i ni ddweud
> Cyn i chi ddweud
> Cyn iddyn nhw ddweud

You can use these in the past, present and future,
depending on the context:

Cyn i fi fynd i'r gwely, dw i'n mynd
i edrych ar y teledu.
> *Before I go to bed, I'm going*
> *to watch television.*

Cyn i fi fynd i'r gwely, edrychais i ar y teledu.
> *Before I went to bed, I watched television.*

The next word after **i fi / i ti / iddo fe ...** *has a soft*
mutation (Treiglad Meddal):

Ar ôl iddo fe _adael... - *After he left / leaves*
Cyn i ti **dd**weud... - *Before you said / say*

Cwrs Mynediad: Uned 18

Nod: Dweud beth mae'n rhaid ei wneud a beth mae'n rhaid peidio ei wneud
Saying what has to be done and what mustn't be done

1. Rhaid i fi gofio   *I must / have to remember*
Rhaid i fi feddwl   *I must / have to think*
Rhaid i fi ddysgu   *I must / have to learn*
Rhaid i fi fynd   *I must / have to go*

Beth mae'n rhaid i ti wneud?
Beth mae'n rhaid i chi wneud?   *What do you have to do?*

Holiadur

Beth mae'n rhaid i ti wneud?

Holwch eich gilydd beth mae'n rhaid i chi wneud yfory a dros y penwythnos:

> *Ask each other what you have to do tomorrow and over the weekend:*

'Beth mae'n rhaid i ti wneud yfory / dros y penwythnos?'
'Rhaid i fi …'

Enw	Fory	Dros y penwythos
1.		
2.		
3.		
4.		

2.

Oes rhaid i ti fynd?	*Do you have to go?*
Oes rhaid i ti adael?	*Do you have to leave?*
Oes rhaid i ti ffonio?	*Do you have to phone?*
Oes rhaid i ti ddweud?	*Do you have to say?*
OES/NAC OES	YES/NO
Does dim rhaid i Mair ddweud	*Mair doesn't have to say*
Does dim rhaid iddo fe boeni	*He doesn't have to worry*
Does dim rhaid iddi hi symud	*She doesn't have to move*
Does dim rhaid iddo fe fynd	*He doesn't have to go*

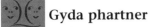 **Gyda phartner**

'Oes rhaid i ti _____?'
'Oes, rhaid i fi _____' / 'Nac oes, does dim rhaid i fi _____'

Ar ôl ychydig, newidiwch i:
'Oes rhaid i ni _____?'

3.

Rhaid i chi beidio dweud	*You mustn't say*
Rhaid i fi beidio anghofio	*I mustn't forget*
Rhaid i ni beidio cyrraedd yn hwyr	*We mustn't arrive late*
Rhaid iddyn nhw beidio cwyno	*They mustn't complain/grumble*

 **Cyngor i Colin**

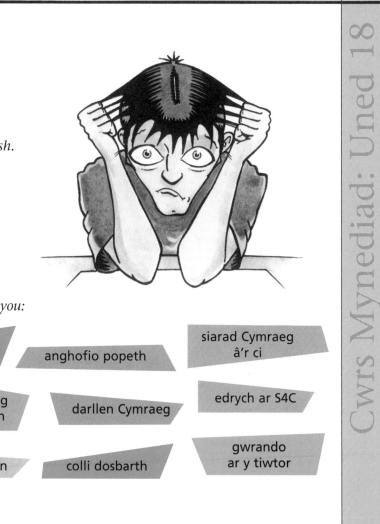

Dyma Colin.

Mae e'n dysgu Cymraeg.

This is Colin. He's learning Welsh.

Gyda phartner

Rhowch gyngor i Colin.

Give Colin advice.

'Rhaid i ti …'

'Rhaid i ti beidio …'

Dyma eiriau i'ch helpu:

Here is some vocabulary to help you:

dysgu geirfa

dysgu'r treigladau

anghofio popeth

siarad Cymraeg
â'r ci

dod i'r dosbarth
yn hwyr

siarad Saesneg
yn y dosbarth

darllen Cymraeg

edrych ar S4C

rhoi'r ffidl
yn y to

gwneud yr ymarferion

colli dosbarth

gwrando
ar y tiwtor

 **Arwyddion**

Dywedwch wrth eich partner beth mae'n rhaid ei wneud/peidio ei wneud.

Tell your partner what to do/what not to do.

1. Rhaid i ti

_____

2. Rhaid i ti

_____

3. Rhaid i ti

_____

Deialog

A: Rhaid i fi fynd **i'r dre** yfory.
B: Oes rhaid i ti?
A: Oes, rhaid mynd, yn anffodus.
B: Wel, rhaid i ti beidio **gwario** gormod.
A: Does dim rhaid i ti **boeni**. Does dim **arian** gyda fi 'ta beth.

Geirfa

anghofio	-	*to forget*
arafu	-	*to slow down*
cofio	-	*to remember*
colli	-	*to miss (class), to lose (game, object)*
cwyno	-	*to complain, moan, grumble*
cyngor	-	*advice; council*
glanhau	-	*to clean*
golchi	-	*to wash*
gwario	-	*to spend (money)*
gwisgo	-	*to wear*
gyrru'n araf	-	*to drive slowly*
gyrru'n gyflym	-	*to drive quickly*
meddwl	-	*to think*
menig	-	*gloves*
mynd at y doctor	-	*to go to the doctor*
mynd i mewn	-	*to go in*
peintio	-	*to paint*
poeni	-	*to worry*
rhoi'r ffidl yn y to	-	*to give up (lit. to put the fiddle in the roof)*
sbectol (b)	-	*glasses*
smocio/smoco/ ysmygu	-	*to smoke*
smwddio	-	*to iron*

Ychwanegwch eirfa sy'n berthnasol i chi:
Add vocabulary that's relevant to you:

 Gramadeg

Patrwm Rhaid:

Rhaid i fi fynd	Does dim rhaid i fi fynd
Rhaid i ti fynd	Does dim rhaid i ti fynd
Rhaid i Huw fynd	Does dim rhaid i Huw fynd
Rhaid iddo fe fynd	Does dim rhaid iddo fe fynd
Rhaid iddi hi fynd	Does dim rhaid iddi hi fynd
Rhaid i ni fynd	Does dim rhaid i ni fynd
Rhaid i chi fynd	Does dim rhaid i chi fynd
Rhaid iddyn nhw fynd	Does dim rhaid iddyn nhw fynd

Oes rhaid i ti fynd?   **Oes / Nac oes**

Rhaid i fi beidio mynd	Rhaid i ni beidio mynd
Rhaid i ti beidio mynd	Rhaid i chi beidio mynd
Rhaid i Huw beidio mynd	Rhaid iddyn nhw beidio mynd
Rhaid iddo fe beidio mynd	
Rhaid iddi hi beidio mynd	

The next word after **i fi / i ti / iddo fe** ... *has a soft mutation* (Treiglad Meddal):

Rhaid iddo fe **dd**weud   -   *He has to say*
Rhaid iddyn nhw **g**ofio -   *They have to remember*

Remember that:

Does dim rhaid i fi	=	*I don't have to*
Rhaid i fi beidio	=	*I mustn't*

Look out for: '**Mae/Mae'n** rhaid i fi..'
When we speak, we tend to drop 'Mae'.

Cwrs Mynediad: Uned 19

Nod: Rhoi gorchmynion a chyfarwyddiadau syml *Giving basic commands and instructions*

1.

Ble mae Swyddfa'r Post?	*Where is the Post Office?*
Oes Swyddfa'r Post ar bwys fan hyn?	*Is there a Post Office near here?*
Oes / Nac oes	*Yes / No*
Cerwch yn syth ymlaen	*Go straight on*
heibio i'r siopau	*past the shops*
lan y rhiw/tyle	*uphill*
lawr y rhiw/tyle	*downhill*
drwy'r goleuadau	*through the lights*
Trowch i'r dde	*Turn right*
Trowch i'r chwith	*Turn left*
Trowch ar bwys y dafarn	*Turn near the pub*
gyferbyn â'r llyfrgell	*opposite the library*

Ble mae ...?

Llenwch yr wybodaeth dych chi wedi'i chael. Yna, holwch bawb arall am wybodaeth.
Fill in the information given by your tutor. Then, ask everyone else for information.

Lle:	Cerwch:	Trowch:
1. Yr ysbyty	yn syth ymlaen	i'r dde
2. Swyddfa'r Post		
3. Y clwb rygbi		
4. Y banc		
5. Y ganolfan hamdden		
6. Y garej		
7. Yr eglwys		
8. Bombay Spice		
9. Y theatr		
10. Y parc		
11. Yr ysgol gynradd		

Map o Aber-pwll

Dyma fap o Aber-pwll. Bydd eich tiwtor yn adrodd cyfarwyddiadau.

Rhaid i chi ddweud pa lythyren yw'r lleoedd hyn ar y map:

Here is a map of Aber-pwll. Your tutor will read out instructions.

You have to say what letter represents each of these places on the map:

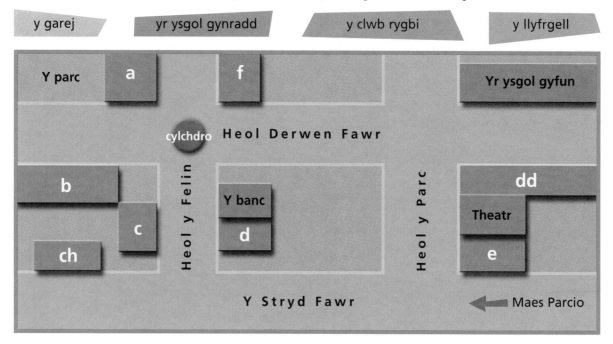

y garej   yr ysgol gynradd   y clwb rygbi   y llyfrgell

Mae pedair llythyren ar ôl. Mae pob partner yn cael dwy lythyren.

There are four letters left. Each partner takes two letters.

Partner A: Penderfynwch ble mae'r lleoedd hyn ar y map:

Decide where these places are on the map:

- Y ganolfan hamdden
- Yr eglwys

Gofynnwch i'ch partner ble mae:

- Bombay Spice
- Y llyfrgell.

Partner B: Penderfynwch ble mae'r lleoedd hyn ar y map:

Decide where these places are on the map:

- Bombay Spice
- Y llyfrgell

Gofynnwch i'ch partner ble mae:

- Y ganolfan hamdden
- Yr eglwys.

2.

Peidiwch troi i'r chwith	*Don't turn left*
Peidiwch troi i'r dde	*Don't turn right*
Paid gyrru'n gyflym	*Don't drive quickly*
Paid mynd drwy'r goleuadau	*Don't go through the lights*

Gyda phartner

Trafodwch ystyr yr arwyddion ffyrdd hyn
yn Gymraeg - defnyddiwch 'Peidiwch' a 'Paid'.
Discuss the meaning of these signs
in Welsh, using 'Peidiwch' and 'Paid'.

3.

Edrychwch	*Look*	Edrycha
Postiwch y llythyr	*Post the letter*	Postia'r llythyr
Golchwch y llestri	*Wash the dishes*	Golcha'r llestri
Ffoniwch eich brawd	*Phone your brother*	Ffonia dy frawd
Cerwch i siopa	*Go shopping*	Cer i siopa
Dewch yma	*Come here*	Dere 'ma
Byddwch dawel	*Be quiet/Shut up*	Bydd dawel
Gwnewch chi fe	*You do it*	Gwna di fe

Gyda phartner

Rhowch orchmynion i'ch gilydd - defnyddiwch ffurfiau 'chi' yn gyntaf, ac yna ffurfiau 'ti'.
Does dim rhaid i chi gytuno bob tro!
Give each other commands - use 'chi' forms first, then 'ti' forms.
You don't have to be willing every time!

'Golchwch y dillad' -
  'O'r gorau./ Popeth
  yn iawn.'

'Golcha'r dillad' -
  'Na. Gwna di fe.'

'Paid / Peidiwch ysgrifennu'r
  llythyr.' - 'O, byddwch
  dawel / bydd dawel!'

 Deialog

A: Esgusodwch fi. Oes **garej** ar bwys fan hyn?

B: Oes, oes. Cerwch **yn syth ymlaen** a **lan** y rhiw. Peidiwch troi **i'r dde** wrth y goleuadau, ond trowch **i'r dde ar bwys y dafarn**.

A: Iawn, troi i'r **dde ar bwys y dafarn**.

B: Dyna chi. Dyw e ddim yn bell.

A: Diolch yn fawr.

B: Croeso.

Geirfa

ar bwys	-	*near, next to*
cyflym	-	*quick, fast*
cylchdro	-	*roundabout*
golau	-	*light*
goleuadau	-	*lights*
gwrando ar	-	*to listen to*
gyferbyn â	-	*opposite*
heibio i	-	*past*
i'r chwith	-	*to the left*
i'r dde	-	*to the right*
llyfrgell (b)	-	*library*
neuadd (b)	-	*hall*
rhiw (b)	-	*hill, slope*
tafarn (b)	-	*pub*
theatr (b)	-	*theatre*
tyle	-	*hill, slope*
yn gyflym	-	*quickly, fast*
ysgol gynradd	-	*primary school*
ysgol gyfun	-	*comprehensive school*

Ychwanegwch eirfa sy'n berthnasol i chi:
Add vocabulary that's relevant to you:

Gramadeg

Rhoi gorchmynion
> *Giving commands*

Ffurfiau **CHI**:

1. *Add –wch to the verb stem:*

golchi	> golch-	> golch**wch**
rhedeg	> rhed-	> rhed**wch**
bwyta	> bwyt-	> bwyt**wch**

Verbs ending in –io keep the –i

| ffon**io** | > ffoni- | > ffon**iwch** |
| gweith**io** | > gweithi- | > gweith**iwch** |

2. *With some verbs you add –wch to the verb-noun or infinitive:*

siarad	> siarad**wch**
edrych	> edrych**wch**
darllen	> darllen**wch**

3. *Negative forms:* Peidiwch + *verb-noun*
Peidiwch mynd
Peidiwch ffonio

Ffurfiau **TI**:

1. *Add –a to the verb stem:*

golchi	> golch-	> golch**a**
rhedeg	> rhed-	> rhed**a**
bwyta	> bwyt-	> bwyt**a**

Verbs ending in –io keep the –i

| ffon**io** | > ffoni- | > ffon**ia** |
| cof**io** | > cofi- | > cof**ia** |

2. *With some verbs you add –a to the verb-noun or infinitive:*

siarad	> siarad**a**
edrych	> edrych**a**
darllen	> darllen**a**

3. *Negative forms:* Paid + *verb-noun*
Paid mynd
Paid ffonio

Dyma rai berfau sydd ddim yn dilyn y patrwm yn union:

Here are some verbs that don't follow this pattern exactly:

Aros	Arhosa	Arhoswch
(to stay/stop)	Paid aros	Peidiwch aros
Bod	Bydd	Byddwch
(to be)	Paid bod	Peidiwch bod
Cau	Cau, caea	Caewch
(to shut)	Paid cau	Peidiwch cau
Dod	Dere	Dewch
(to come)	Paid dod	Peidiwch dod
Dweud	Dwed	Dwedwch
(to say)	Paid dweud	Peidiwch dweud
Gwrando	Gwranda	Gwrandewch
(to listen)	Paid gwrando	Peidiwch gwrando
Gwneud	Gwna	Gwnewch
(to do, to make)	Paid gwneud	Peidiwch gwneud
Meddwl	Meddylia	Meddyliwch
(to think)	Paid meddwl	Peidiwch meddwl
Mynd	Cer	Cerwch (neu Ewch)
(to go)	Paid mynd	Peidiwch mynd
Rhoi	Rho	Rhowch
(to give, to put)	Paid rhoi	Peidiwch rhoi
Troi	Tro	Trowch
(to turn)	Paid troi	Peidiwch troi

Cwrs Mynediad: Uned 20

Nod: Adolygu ac ymestyn *Revision and extension*

1.

Es i i'r siop ar ôl i fi gael brecwast	*I went to the shop after I had breakfast*
Prynais i *Golwg* ar ôl i fi fynd i'r siop	*I bought Golwg after I went to the shop*
Aeth hi i'r dre ar ôl iddi hi edrych ar y teledu	*She went to town after she watched television*
Ffoniodd e ffrind cyn iddo fe ateb y cwestiwn	*He phoned a friend before he answered the question*
Gaeth e frecwast cyn mynd i'r gwaith	*He had breakfast before going to work*
Daeth e i'r dosbarth ar ôl cael swper	*He came to class after having supper*

Gwenda Gall

Mae Gwenda'n berson call iawn. Mae hi bob amser yn gwneud y peth iawn. Gyda phartner, cysylltwch y cwestiwn â'r ateb cywir.

Gwenda is a very wise person. She always does the right thing.
With a partner, connect the question to the correct answer.

1.	Pryd prynodd Gwenda ddillad?	a.	Ar ôl iddi glywed am yr hanes.
2.	Pryd gwerthodd hi'r tŷ?	b.	Ar ôl i'r tywydd wella.
3.	Pryd aeth hi i'r garej?	c.	Cyn i'r ffatri fynd ar dân.
4.	Pryd gadawodd hi'r tîm rygbi merched?	ch.	Cyn i'r heddlu gyrraedd.
5.	Pryd ffoniodd hi ei ffrind?	d.	Cyn i'r petrol orffen.
6.	Pryd gadawodd hi'r ffatri?	dd.	Ar ôl i'r sêls ddechrau.
7.	Pryd aeth hi o'r dafarn?	e.	Ar ôl i'r prisiau godi.
8.	Pryd aeth hi ar wyliau?	f.	Ar ôl i'r tîm ddechrau colli.

Holiadur

Gofynnwch y cwestiynau hyn i 4 person.
Rhaid ateb: 'Ar ôl i fi …/ Cyn i fi …' Cofnodwch yr atebion.

Ask 4 people these questions.
You have to answer: 'Ar ôl i fi … / Cyn i fi…' Make a note of the answers.

1. Pryd est ti i'r gwaith bore 'ma?

   i. _____

   ii. _____

   iii. _____

   iv. _____

2. Pryd est ti i'r gwely neithiwr?

   i. _____

   ii. _____

   iii. _____

   iv. _____

3. Pryd dest ti i'r dosbarth heddiw?

   i. _____

   ii. _____

   iii. _____

   iv. _____

2.

Rhaid i chi beidio mynd i'r gwaith	*You mustn't go to work*
Rhaid iddo fe beidio yfed gormod	*He mustn't drink too much*
Rhaid i ti ymarfer	*You must exercise*
Rhaid iddi hi weithio'n galed	*She must work hard*
Oes rhaid i fi fynd?	*Do I have to go?*
Oes rhaid iddyn nhw ddweud?	*Do they have to say?*
Does dim rhaid iddi hi weithio	*She doesn't have to work*
Does dim rhaid i ni boeni	*We don't have to worry*

Rhoi cyngor i bobl enwog

Mewn grwpiau o dri, dewiswch ddau berson enwog, neu ddau bâr enwog. Penderfynwch ar nifer o gynghorion i bob person/pâr. Bydd eich tiwtor a'r dosbarth eisiau eu clywed nhw.

In groups of three, choose two well-known people or pairs. Decide on some advice you would like to give each person/pair. Your tutor and the class will want to hear them.

Enw person 1/ Enwau pâr 1: _____

Cyngor 1 _____

Cyngor 2 _____

Cyngor 3 _____

Enw person 2/ Enwau pâr 2: _____

Cyngor 1 _____

Cyngor 2 _____

Cyngor 3 _____

3.

Gweithiwch	*Work*
Does dim rhaid i fi weithio	*I don't have to work*
Symudwch	*Move*
Does dim rhaid i fi symud	*I don't have to move*
Ewch	*Go*
Does dim rhaid i fi fynd	*I don't have to go*
Byddwch yn dawel	*Be quiet*
Does dim rhaid i fi fod yn dawel	*I don't have to be quiet*
Peidiwch dweud	*Don't say*
Rhaid i fi ddweud	*I have to say*
Peidiwch ffonio	*Don't phone*
Rhaid i fi ffonio	*I have to phone*
Paid poeni	*Don't worry*
Rhaid i fi boeni	*I have to worry*
Paid mynd	*Don't go*
Rhaid i fi fynd	*I have to go*

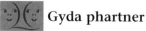 **Gyda phartner**

	'Gweithia / Gweithiwch'	-	'Does dim rhaid i fi weithio'
neu	'Paid gweithio / Peidiwch gweithio'	-	'Rhaid i fi weithio'

 Darn darllen

Cyn i fi fynd i'r gwaith yn y bore, dw i'n hoffi mynd i'r ganolfan hamdden
gyda fy ffrind, Ceinwen. Dyn ni ddim yn mynd bob dydd, chwaith.
Mae Ceinwen yn nofio'n dda iawn, ond rhaid i fi gael gwersi nofio.
Dw i'n hoffi mynd i'r gampfa. Rhaid i fi beidio gwneud gormod
neu dw i wedi blino'n lân erbyn i fi gyrraedd y gwaith.

 **Gwrando**
Gwrandewch ar y tâp a llenwch y grid.
Listen to the tape and complete the grid.

	Dafydd	Cathryn
Gwneud amser cinio?		
Gwneud ar ôl gwaith?		
Gwneud yfory?		

Geirfa

ar dân	-	*on fire*
chwaith	-	*either*
gwella	-	*to improve, to get better*
lawnt	-	*lawn*
poeni	-	*to worry*
torri	-	*to cut*

**Ychwanegwch eirfa
sy'n berthnasol i chi:**
*Add vocabulary that's
relevant to you:*

Rhestr gyfair *Check list*

✔ **Ticiwch beth dych chi'n gallu wneud. Yn Gymraeg!** *Tick what you can do. In Welsh!*

☐ Dw i'n gallu siarad am bethau dw i wedi'u gwneud yn y gorffennol
I can speak about things that I have done in the past

☐ Dw i'n gallu holi rhywun arall am bethau maen nhw wedi'u gwneud yn y gorffennol
I can ask someone else what they have done in the past

☐ Dw i'n gallu dweud beth wnaeth rhywun arall yn y gorffennol
I can say what someone else did in the past

☐ Dw i'n gallu gofyn beth wnaeth rhywun arall yn y gorffennol
I can ask what someone else did in the past

☐ Dw i'n gallu dweud stori mewn trefn, gan ddefnyddio **cyn** ac **ar ôl**
*I can tell a story in order, using **cyn** and **ar ôl***

☐ Dw i'n gallu dweud beth mae'n rhaid i fi wneud
I can say what I have to do

☐ Dw i'n gallu dweud beth does dim rhaid i fi wneud
I can say what I don't have to do

☐ Dw i'n gallu dweud beth mae'n rhaid i fi beidio ei wneud
I can say what I mustn't do

☐ Dw i'n gallu holi beth mae'n rhaid i rywun wneud
I can ask what someone has to do

☐ Dw i'n gallu dweud beth mae'n rhaid i rywun arall wneud
I can say what someone else has to do

☐ Dw i'n gallu dweud beth does dim rhaid i rywun arall wneud
I can say what someone else doesn't have to do

☐ Dw i'n gallu dweud beth mae'n rhaid i rywun arall beidio ei wneud
I can say what someone else mustn't do

☐ Dw i'n gallu rhoi gorchmynion cadarnhaol a negyddol i berson dw i'n ei alw'n 'chi'
I can give positive and negative commands to someone I call 'chi'

☐ Dw i'n gallu rhoi gorchmynion cadarnhaol a negyddol i berson dw i'n ei alw'n 'ti'
I can give positive and negative commands to someone I call 'ti'

Patrymau unedau 16-20

Y Gorffennol / The Past Tense

* = ddim yn y cwrs eto

Mynd	to go	Dod	to come
Es i	I went	Des i	I came
Est ti	You went	Dest ti	You came
Aeth e/hi	He/she went	Daeth e/hi	He/she came
*Aethon ni	We went	*Daethon ni	We came
Aethoch chi	You went	Daethoch chi	You came
*Aethon nhw	They went	*Daethon nhw	They came
Es i ddim	I didn't go	Ddaeth hi ddim	She didn't come
Aeth e?	Did he go?	Ddaeth e?	Did he come?

Gwneud	to do, to make	Cael[1]	to have
Gwnes i	I did, I made	Ges i	I had
Gwnest ti	You did, You made	Gest ti	You had
Gwnaeth e/hi	He/she did/made	Gaeth e/hi	He/she had
*Gwnaethon ni	We did, We made	*Gaethon ni	We had
Gwnaethoch chi	You did, You made	Gaethoch chi	You had
*Gwnaethon nhw	They did, They made	*Gaethon nhw	They had
Wnaethoch chi ddim	You didn't do/make	Ges i ddim	I didn't have
Wnest ti?	Did you do/make?	Gest ti?	Did you have?

Gweld	to see	Prynu	to buy
Gwelais i	I saw	Prynais i	I bought
Gwelaist ti	You saw	Prynaist ti	You bought
Gwelodd e/hi	He/she saw	Prynodd e/hi	He/she bought
*Gwelon ni	We saw	*Prynon ni	We bought
Gweloch chi	You saw	Prynoch chi	You bought
*Gwelon nhw	They saw	*Prynon nhw	They bought
Welais i ddim	I didn't see	Phrynais i ddim	I didn't buy
Welodd e/hi?	Did he/she see?	Brynodd e/hi?	Did he/she buy?

[1] The **cael** forms are colloquial forms and you may hear/see forms such as
'Ces i/Cafodd e/Chawson nhw ddim' etc. as well as these.

Ar ôl i fi / Cyn i fi

Ar ôl i fi ddweud	-	*After I say/After I said*
Ar ôl i ti ddweud		
Ar ôl iddo fe ddweud		
Ar ôl iddi hi ddweud		

Cyn i ni ddweud	-	*Before we say/Before we said*
Cyn i chi ddweud		
Cyn iddyn nhw ddweud		

Rhaid ...

Rhaid i fi fynd – *I must/have to go*	Does dim rhaid i fi fynd – *I don't have to go*
Rhaid i ti fynd	Does dim rhaid i ti fynd
Rhaid i Huw fynd	Does dim rhaid i Huw fynd
Rhaid iddo fe fynd	Does dim rhaid iddo fe fynd
Rhaid iddi hi fynd	Does dim rhaid iddi hi fynd
Rhaid i ni fynd	Does dim rhaid i ni fynd
Rhaid i chi fynd	Does dim rhaid i chi fynd
Rhaid iddyn nhw fynd	Does dim rhaid iddyn nhw fynd

Oes rhaid i ti fynd? – *Do you have to go?*   **Oes / Nac oes**

Rhaid i fi beidio mynd – *I mustn't go*	Rhaid i ni beidio mynd
Rhaid i ti beidio mynd	Rhaid i chi beidio mynd
Rhaid i Huw beidio mynd	Rhaid iddyn nhw beidio mynd
Rhaid iddo fe beidio mynd	
Rhaid iddi hi beidio mynd	

Y Gorchmynnol
Ffurfiau CHI

1.   *Add –**wch** to the verb stem:*

golchi	> golch-	> golch**wch**
rhedeg	> rhed-	> rhed**wch**
bwyta	> bwyt-	> bwyt**wch**

*Verbs ending in –**io** keep the –**i***

ffon**io**	> ffon**i**-	> ffon**iwch**
gweith**io**	> gweith**i**-	> gweith**iwch**

2.   *With some verbs you add –***wch** *to the verb-noun/infinitive:*

siarad	> siarad**wch**
edrych	> edrych**wch**
darllen	> darllen**wch**

3.   *Negative forms*: Peidiwch + *verb-noun*

Peidiwch mynd
Peidiwch ffonio

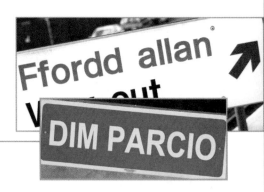

Ffurfiau TI:

1.   *Add –***a** *to the verb stem*:

golchi	> golch-	> golch**a**
rhedeg	> rhed-	> rhed**a**
bwyta	> bwyt-	> bwyt**a**

*Verbs ending in –***io** *keep the –***i**

| ffon**io** | > ffon**i**- | > ffon**ia** |
| cof**io** | > cof**i**- | > cof**ia** |

2.   *With some verbs you add –***a** *to the verb-noun/infinitive:*

siarad	> siarad**a**
edrych	> edrych**a**
darllen	> darllen**a**

3.   *Negative forms*: Paid + *Verb-noun*

Paid mynd
Paid ffonio

Mae rhai berfau sydd ddim yn dilyn y patrwm hwn yn union
– gweler y tabl yn Gramadeg, Uned 19 (t. 119)

> *Some verbs don't follow this pattern exactly*
> *– see the table in Gramadeg, Uned 19 (p. 119)*

Geirfa Graidd - unedau 16–20

a dweud y gwir	-	*to tell the truth*
anghofio	-	*to forget*
am sbel	-	*for a while*
ar ôl	-	*after*
ar wyliau	-	*on holiday*
arall	-	*another*
blasus	-	*tasty*
brêcio	-	*to break (car)*
clywed	-	*to hear*
cofio	-	*to remember*
colli	-	*to miss (class), to lose (game, object)*
cwyno	-	*to complain, moan, grumble*
cyflym	-	*quick, fast*
cyngor	-	*advice; council*
cylchdro	-	*roundabout*
cyn	-	*before*
drwy'r dydd	-	*all day*
echdoe	-	*day before yesterday*
echnos	-	*night before yesterday*
eistedd	-	*to sit*
eto	-	*again*

glanhau	-	*to clean*
golau	-	*light*
golchi	-	*to wash*
goleuadau	-	*lights*
gwario	-	*to spend (money)*
gwisgo	-	*to wear*
gwrando ar	-	*to listen to*
gyferbyn (â)	-	*opposite*
hanes	-	*news, story / history*
heibio i	-	*past*
i fyny	-	*up*
i lawr	-	*down*
lan	-	*up*
lawnt	-	*lawn*
lawr	-	*down*
llyfrgell	-	*library*
meddwl	-	*to think*
menig	-	*gloves*
mynd at y doctor	-	*to go to the doctor*
neb	-	*nobody, anyone*
neuadd (b)	-	*hall*
peintio	-	*to paint*
poeni	-	*to worry*
priodi	-	*to get married*
pwdin	-	*dessert, pudding*

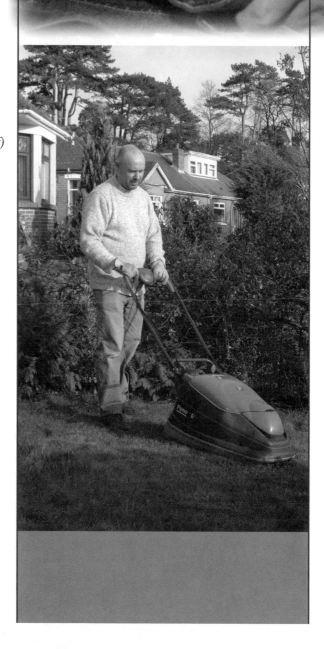

rhiw (b)	-	*hill, slope*
rhoi'r ffidl yn y to	-	*to give up (lit. to put the fiddle in the roof)*
rhywbeth	-	*something*
rhywle	-	*somewhere*
sbectol (b)	-	*glasses*
sgrechian	-	*to scream*
sioc	-	*shock*
siom	-	*disappointment*
smwddio	-	*to iron*
symud	-	*to move*
tafarn (b)	-	*pub*
taflu	-	*to throw*
torri	-	*to cut, to break*
tyle	-	*hill, slope*
theatr (b)	-	*theatre*
y penwythnos diwethaf	-	*last weekend*
yn barod	-	*already*
yn gyflym	-	*quickly, fast*
ysgol gyfun (b)	-	*comprehensive school*
ysgol gynradd (b)	-	*primary school*
ysmygu	-	*to smoke*

Cwrs Mynediad: Uned 21

Nod: Mynegi barn a disgrifio gan ddefnyddio ansoddeiriau
Giving an opinion and describing with the use of adjectives

1.

Beth wyt ti'n feddwl o ...?	What do you think of ...?
Mae e/hi'n dda	It/he/she's good
ofnadwy	It/he/she's terrible
ddiflas	It/he/she's boring
ddiddorol	It/he/she's interesting
hyfryd	It/he/she's lovely
wych	It/he/she's fantastic
dalentog	He/she's talented
gyffrous	It's exciting
Dyw e/hi ddim yn dalentog	He/she's not talented
Ydy e'n ddiddorol?	Is it interesting?
Ydy / Nac ydy	Yes / No

Holiadur: Beth wyt ti'n feddwl o …?

Llenwch y golofn gyntaf gydag enw llyfr, ffilm neu raglen deledu, person a lle.
Holwch 3 pherson i weld beth maen nhw'n feddwl ohonyn nhw.

*Complete the first column with the name of a book, a film or television programme,
a person and a place. Ask three people to see what they think of them.*

	Enw: _____	Enw: _____	Enw: _____
? _____ _____			
? _____ _____			
? _____ _____			
? _____ _____			

2. **Sut un yw** _____?   *What is _____ like? /*
                                      What does _____ look like?

Mae e/hi'n	dew		*He/she's fat*
	denau		*He/she's slim/thin*
	fyr		*He/she's short*
	dal		*He/she's tall*
Mae e'n	olygus		*He's handsome*
Mae hi'n	bert		*She's pretty*
Mae e/hi'n	salw		*He/she's ugly*
	hen		*He/she's old*
	ifanc		*He/she's young*
	neis		*He/she's nice*
	gas		*He/she's unpleasant, nasty*

Dydy e/hi ddim yn dew   *He/she isn't fat*
Ydy e/hi'n neis?   *Is he/she nice?*
Ydy / Nac ydy   **Yes / No**

Gyda phartner

Rhowch enw i bob un o'r 8 person yn y lluniau. Dewiswch o'r enwau hyn:
Eleri, **Mair**, **Carwyn**, **Cherie**, **Glyn**, **Homer**, **Ioan**, **Stan**.

Partner A i ddisgrifio un o'r cymeriadau – heb ei h/enwi.
Partner A to describe one of the characters, without naming him or her.
Mae e'n dal ac yn hen, etc.

Partner B i ofyn am fwy o wybodaeth. *Partner B to ask for more information.*
Ydy e'n olygus? etc

Pan fydd Partner B yn barod i ddyfalu, mae'n gofyn:
When Partner B is ready to guess, he/she asks:
Carwyn yw e? Mair yw hi? etc.

3.	**Beth yw lliw …?**	*What colour is…?*
	Beth yw lliw'r car?	*What colour is the car?*
	Beth yw lliw car Ceri?	*What colour is Ceri's car?*
	Mae e'n goch	*It's red*
	Mae hi'n las	*It's blue*
	wyrdd	*It's green*
	felyn	*It's yellow*
	ddu	*It's black*
	wyn	*It's white*
	llwyd	*It's grey*
	binc	*It's pink*
	frown	*It's brown*
	borffor / biws	*It's purple*
	oren	*It's orange*

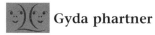 **Gyda phartner**

A: Beth yw lliw'r afal?
B: Mae e'n wyrdd. Ydy'r crys yn wyrdd?
A: Nac ydy, mae e'n binc. Ond mae crys Siân yn wyrdd.

1. Siaradwch am y lliwiau yn y lluniau.
2. Siaradwch am liwiau pethau o'ch cwmpas./*Talk about the colours of things around you.*

Lliwiau'r Baneri

Mewn grwpiau bach, disgrifiwch liwiau'r baneri hyn. Defnyddiwch gwestiynau fel y rhain i drafod:

Beth yw lliw baner Cymru?
Ydy hi'n las?
Nac ydy, mae hi'n ....
Mae baner Iwerddon yn ...

In small groups, discuss and describe the colours of these flags.

Cymru / Yr Alban

Iwerddon / Yr Almaen

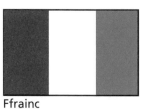 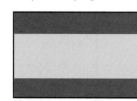  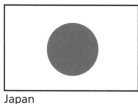
Ffrainc / Sbaen / De Affrica / Japan

  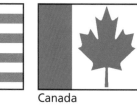
Sweden / Norwy / Uruguay / Canada

Deialog

A: Welaist ti **Newyddion 10** ar y teledu neithiwr? On'd oedd e'n **wych**?

B: Mae e'n **wych** bob amser.

A: Wyt ti'n hoffi **Huw Edwards** ar y teledu?

B: Ydw, mae **e'n dywyll** ac yn **olygus**, on'd yw e?

A: Ydy, wir.

Geirfa

baner (b)	-	*flag*
byr	-	*short*
cas	-	*nasty*
cyffrous	-	*exciting*
diddorol	-	*interesting*
diflas	-	*boring*
golygus	-	*handsome*
gwych	-	*fantastic*
hen	-	*old*
hyfryd	-	*lovely*
ifanc	-	*young*
neis	-	*nice*
pert	-	*pretty*
rhaglen deledu (b)	-	*television programme*
salw	-	*ugly*
tal	-	*tall*
talentog	-	*talented*
tenau	-	*slim, thin*
tew	-	*fat*
tywyll	-	*dark*

Lliwiau
Colours

brown	*brown*
coch	*red*
du	*black*
glas	*blue*
gwyn	*white*
gwyrdd	*green*
llwyd	*grey*
melyn	*yellow*
oren	*orange*
pinc	*pink*
piws	*purple*
porffor	*purple*

Gwledydd
Countries

Yr Alban	*Scotland*
Yr Almaen	*Germany*
Canada	*Canada*
Cymru	*Wales*
De Affrica	*South Africa*
Ffrainc	*France*
Iwerddon	*Ireland*
Japan	*Japan*
Norwy	*Norway*
Sbaen	*Spain*
Sweden	*Sweden*
Uruguay	*Uruguay*

# Gramadeg

Mae Meinir yn … Mae e/hi'n …

*Remember that there is a **soft mutation** after **yn** if you're describing someone or something:*
Mae Meinir yn **d**al.

We saw the same thing when discussing the weather:
Mae hi'n **g**ymylog.

*Note that **ll** and **rh** do not mutate:*
Mae'r car yn llwyd.

*There is no mutation after **yn** if it's followed by a **verb-noun/infinitive** (action word):*
Mae Meinir yn **d**arllen

*If you **repeat** an adjective (or describing word) after **yn**, you mutate each time you use it:*
Mae e'n **g**och, **g**och, (**g**och!)
It's really red.

*If you have a number of **different** adjectives after **yn**, you only need to mutate the **first one**:*
Mae e'n **d**al, tew a salw.
He's tall, fat and ugly.

*But you might chose to repeat the **yn** as well:*
Mae e'n **d**al, yn **d**ew ac yn salw.
He's tall, fat and ugly.

*Of course, you might need to mutate the adjective after **a** = and (Treiglad Llaes)*
if you have a list of adjectives:
Mae e'n las a **ph**orffor.
It's blue and purple.

*If you want to describe something in the past, use **Roedd** (just as we did with the weather):*
Roedd e'n **dd**iddorol.
It was interesting.

*The question form is **Oedd**….?*
Oedd y rhaglen yn **dd**iflas?
Was the programme boring?

Cwrs Mynediad: Uned 22

Nod: Gofyn am rywbeth a mynegi eisiau *Asking for something and expressing a need*

1.

Ga' i goffi, os gwelwch chi'n dda?	*May I have a coffee, please?*
Ga' i help, plîs?	*May I have (some) help, please?*
Ga' i lifft, os gweli di'n dda?	*May I have a lift, please?*
Ga' i baned o de?	*May I have a cup of tea?*
Cei / Cewch, wrth gwrs	*Yes (you may), of course*
Na chei / Na chewch, mae'n ddrwg gyda fi	*No (you may not), I'm sorry*

 Gyda phartner – cofiwch dreiglo!

'Ga' i _____ os gweli di'n dda?'
'Ga' i _____ os gwelwch chi'n dda?'

'Cei / Cewch'
'Na chei / Na chewch'

- paned
- lifft
- losin
- bisged
- gwin
- cwrw
- siwgr

2.

Ga' i fenthyg beiro?	*May I borrow a biro?*
Ga' i ddefnyddio'r tŷ bach?	*May I use the toilet?*
Ga' i fynd â'r car?	*May I take the car?*
Ga' i weld?	*May I see?*
Cei / Cewch	*Yes, you may*
Na chei / Na chewch	*No, you may not*

Battleships

Marciwch 5 sgwâr ar **Eich sgwariau chi**. Bydd eich partner yn gofyn i chi: 'Ga' i ...?' ac os yw'r sgwâr wedi'i farcio, rhaid i chi ateb: 'Cei' neu 'Cewch'. Os nad yw'r sgwâr wedi'i farcio, rhaid i chi ateb: 'Na chei' neu 'Na chewch'.

Gofynnwch gwestiynau 'Ga' i ....?' i'ch partner i weld pa 5 sgwâr mae e/hi wedi'u marcio a chadwch gofnod ar **Sgwariau eich partner**.

> *Mark 5 squares on* **Eich sgwariau chi**. *Your partner will ask you: 'Ga' i ....?' and if that square is marked, you have to answer 'Cei' or 'Cewch'. If the square hasn't been marked, you must answer: 'Na chei' or 'Na chewch'.*
>
> *Ask your partner 'Ga' i ....?' questions to see which 5 squares he/she has marked and keep a note on* **Sgwariau eich partner**.

Eich sgwariau chi

defnyddio'r ffôn	darllen y llyfr	helpu	dechrau bwyta	dod draw heno
mynd am dro	mynd â'r car	gofyn cwestiwn	ysgrifennu llyfr	talu
rhoi arian i chi	gweld y teledu	gwrando ar y radio	siarad â chi	mynd nawr
benthyg beiro	mynd yn gynnar	defnyddio'r tŷ bach	benthyg arian	ateb y cwestiwn

Sgwariau eich partner

defnyddio'r ffôn	darllen y llyfr	helpu	dechrau bwyta	dod draw heno
mynd am dro	mynd â'r car	gofyn cwestiwn	ysgrifennu llyfr	talu
rhoi arian i chi	gweld y teledu	gwrando ar y radio	siarad â chi	mynd nawr
benthyg beiro	mynd yn gynnar	defnyddio'r tŷ bach	benthyg arian	ateb y cwestiwn

3.

Dych chi eisiau mynd?	-	*Do you want to go?*
Dych chi eisiau dod yma?	-	*Do you want to come here?*
Wyt ti eisiau paned o de?	-	*Do you want a cup of tea?*
Wyt ti eisiau siarad?	-	*Do you want to talk?*
Ydw / Nac ydw	-	*Yes / No*
Dw i eisiau help	-	*I want help*
Dw i eisiau mynd i'r dosbarth	-	*I want to go to class*
Dw i ddim eisiau lifft	-	*I don't want a lift*
Dw i ddim eisiau benthyg arian	-	*I don't want to borrow money*

Yn y bwyty - dewis o'r fwydlen

Grwpiau o 3

Cymerwch eich tro i fod yn weinydd a holi'r ddau berson arall:

'Beth dych chi eisiau i yfed / i ddechrau/ fel prif gwrs / i bwdin?'

'Dw i eisiau _____'

Newidiwch eich archeb bob tro.

Take your turns to be the waiter and ask the 2 other people for their order. Change the order every time.

I yfed	I ddechrau	Prif gwrs	I bwdin
dŵr	melon a ham	salad cyw iâr	hufen iâ
sudd oren	cawl llysiau	bacwn, wy a	treiffl cartref
lemonêd	cocos Penclawdd	sglodion	teisen siocled
gwin gwyn	paté a thost	lasagne a sglodion	cacen gaws
gwin coch		pasta a saws	caws a bisgedi
cwrw		llysiau	
te		cinio dydd Sul	
coffi			

Geirfa

ateb	-	answer, to answer
bacwn	-	bacon
beiro	-	biro
benthyg	-	to borrow, to lend
bwydlen (b)	-	menu
bwyta	-	to eat
cacen (b)	-	cake
cartref	-	home, homemade
caws	-	cheese
cocos	-	cockles
cwestiwn	-	question
cwrw	-	beer
dechrau	-	to begin, start
defnyddio	-	to use
dewis	-	to choose
dŵr	-	water
eisiau	-	need, to need
lemonêd	-	lemonade
lifft	-	lift
llaeth	-	milk
llysiau	-	vegetables

Deialog

A: Ga' i **lifft**, plîs?
B: Na chei. Mae'n ddrwg gyda fi.
A: Wyt ti eisiau **help**?
B: Nac ydw. Dw i ddim eisiau **help**, diolch yn fawr.
A: Ga' i **fenthyg beiro**?
B: Na chei.
A: Ga' i ofyn beth sy'n bod?
B: Na chei. Dw i ddim eisiau dweud.

pensil(iau)	-	pencil(s)
sglodion	-	chips
siarad â	-	to talk to
siocled	-	chocolate
siwgr	-	sugar
sudd	-	juice
talu	-	to pay
teisen (b)	-	cake
treiffl	-	trifle

Gramadeg

Ga' i goffi?

*Remember there is a **soft mutation** after Ga' i ...?*
    Ga' i **b**aned o de?
    Ga' i **f**ynd?

Ga' i ...?   **Cei /Na chei**
            Cewch / Na chewch

Yet another way of saying Yes / No in Welsh. Questions beginning with **Ga' i ...?**
are answered **Cei / Na chei** *if you're talking to a person you call 'ti' and* **Cewch /
Na chewch** *if you're talking to a person you call 'chi'.*

*There will be a re-cap of all the ways of saying Yes / No you have come across
so far in* **Uned 25** (Adolygu).

Wyt ti eisiau ....? Dw i eisiau .....

*You **don't** need* **yn** *before* **eisiau**, *as you do with other verb-nouns:*
    Dw i eisiau mynd.
    Dw i ddim eisiau help.

but: Dw i'**n** mynd.
        Dw i ddim **yn** gwybod.

Please....!
The easiest way of saying 'Please' in Welsh is **Plîs**. *It is widely used in all contexts.
If you are talking to a person you'd call 'chi', you can use* **os gwelwch chi'n dda**
or if you are talking to a person you'd call 'ti', you can use **os gweli di'n dda**.

Cwrs Mynediad: Uned 23

Nod: Trafod arian *Dealing with money*

1.

Faint yw hwnna?	*How much is that?*
Faint yw'r rheina?	*How much are those?*
Faint yw'r llyfr?	*How much is the book?*
Saith deg pump ceiniog	*Seventy five pence*
Punt	*A pound*
Dwy bunt	*Two pounds*
Tair punt saith deg pump	*Three pounds seventy five*
Pedair punt naw deg naw	*Four pounds ninety nine*
Pum punt pedwar deg	*Five pounds forty*
Ugain punt	*Twenty pounds*

Gyda phartner

Penderfynwch beth yw pris y pethau hyn.
Dewiswch rhwng y prisiau posib yn y bocs.

Decide on the price of these items.
Choose between the possible prices in the box.

'Faint yw'r llyfr?'
    'Deg punt?'
    'Iawn, deg punt'
neu   'Na, pum punt.'

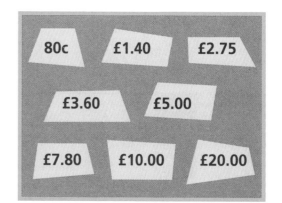

80c	£1.40	£2.75
£3.60	£5.00	
£7.80	£10.00	£20.00

2.

Faint yw'r cwrw?	How much is the beer?
Dwy bunt y peint	Two pounds a pint
Faint yw'r gwin?	How much is the wine?
Pedair punt y botel	Four pounds a bottle
Faint yw'r tocynnau?	How much are the tickets?
Pum punt yr un	Five pounds each
Faint yw'r losin?	How much are the sweets?
Hanner can ceiniog y pecyn	Fifty pence a packet
Faint yw'r diesel?	How much is the diesel?
_____ y litr	_____ a litre

Prynu a Gwerthu

Mae Partner A eisiau gwerthu'r pethau yng Ngholofn A a phrynu'r pethau yng Ngholofn B.
Mae Partner B eisiau gwerthu'r pethau yng Ngholofn B a phrynu'r pethau yng Ngholofn B.
Mae pawb eisiau gwneud arian! Gofynnwch i'ch partner:

'**Faint yw'r ...?**'

Os yw'r pris yn rhad, dwedwch: '**Rhad iawn. Ga' i un?**'
Os yw'r pris yn ddrud, dwedwch: '**Faint? Dim diolch, mae e'n rhy ddrud.**'

Partner A wants to sell the things in Colofn A and buy the things in Colofn B. Partner B wants to sell the things in Colofn B and buy the things in Colofn A. Everyone wants to make money! Ask your partner:

'**Faint yw'r .....?**'

If it's a cheap price, say: '**Rhad iawn. Ga' i un?**'
If it's an expensive price, say: '**Faint? Dim diolch, mae e'n rhy ddrud.**'

Colofn A	Colofn B
caws _____ y kilo	cwrw _____ y peint
cardiau _____ yr un	tocynnau _____ yr un
gwin _____ y botel	diesel _____ y litr
sigaréts _____ y pecyn	fodca _____ y botel
llaeth _____ y peint	losin _____ y pecyn

Siop y Llan

Partner A

Dych chi'n edrych yng nghatalog
Siop y Llan ac mae rhai prisiau ar goll.
Gofynnwch i'ch partner am y prisiau hyn.
> *You are looking at Siop y Llan's
> catalogue and some prices are missing.
> Ask your partner for these prices.*

(Partner B - tudalen 144)

Ar ôl casglu'r wybodaeth i gyd,
trafodwch y prisiau gyda'ch partner.
> *After gathering all the information,
> discuss the prices with your partner.*

Cylchgrawn	60c
Cardiau pen-blwydd	_____
Dyddiadur desg	£5.99
Casetiau Cymraeg	_____
CD Côr Meibion Llanelli	£14.99
Y Geiriadur	_____
Pot Coffi	£22.50
Bwrdd Coffi	_____
'Y Mynyddoedd' (llun)	£250.00
Llwy garu arian	_____

Deialog

A: Faint yw hwnna?
B: **Ugain** punt.
A: **Ugain** punt? Mae e'n **ddrud**, on'd yw e?
B: Ydy. Beth am y rhain 'te?
A: Maen nhw'n costio **hanner can punt**.
B: O ... ga' i fenthyg arian, plîs?

Geirfa

carden (b)	-	*card*
cryno ddisg	-	*compact disc*
crys T	-	*T shirt*
cylchgrawn	-	*magazine*
drud	-	*expensive*
losin	-	*sweets*
pecyn	-	*pack*
peint	-	*pint*
rhad	-	*cheap*
sgert (b)	-	*skirt*
tocyn(nau)	-	*ticket(s)*
£2 yr un	-	*£2 each*

**Ychwanegwch eirfa
sy'n berthnasol i chi:**
> *Add vocabulary that's
> relevant to you:*

Siop y Llan

Partner B

Dych chi'n edrych yng nghatalog
Siop y Llan ac mae rhai prisiau ar goll.
Gofynnwch i'ch partner am y prisiau hyn.
*You are looking at Siop y Llan's catalogue
and some prices are missing. Ask your
partner for these prices.*

Ar ôl casglu'r wybodaeth i gyd,
trafodwch y prisiau gyda'ch partner.
*After gathering all the information,
discuss the prices with your partner.*

Cylchgrawn	_____
Cardiau pen-blwydd	£3.99
Dyddiadur desg	_____
Casetiau Cymraeg	£9.99
CD Côr Meibion Llanelli	_____
Y Geiriadur	£40.00
Pot Coffi	_____
Bwrdd Coffi	£75.00
'Y Mynyddoedd' (llun)	_____
Llwy garu arian	£39.95

Gramadeg

Arian! Arian! Arian!

Ceiniog (*penny*) and **Punt** (*pound*) are both **feminine nouns**. *There must be a reason for this!*

So: **dwy** geiniog   **dwy** bunt
      tair ceiniog   **tair** punt
      pedair ceiniog   **pedair** punt

*Notice that you use the **singular** after a number in Welsh
(**dwy bunt** - two pound, not as in English: two pounds).*

Amounts under £10 (*Traditional forms are in italics*)

1c	ceiniog, un **g**einiog
20c	dau ddeg ceiniog (*ugain ceiniog*)
50c	pum deg ceiniog (*hanner can ceiniog*)
£1	punt, un **b**unt
£2.60	dwy **b**unt chwe deg (ceiniog)
£3.95	tair punt naw deg pump (ceiniog)
£4.80	pedair punt wyth deg (ceiniog)
£5.50	pum punt pum deg (ceiniog)
£6.00	chwe **ph**unt
£7.10	saith punt deg ceiniog
£9.70	naw punt saith deg (ceiniog)

Amounts over £10

*Many people use the **modern** numbers + o bunnau / o bunnoedd:*

£20.00	dau ddeg o bunnau
£14.00	un deg pedair o bunnau
£67.00	chwe deg saith o bunnau

*You might also need to recognise **traditional** forms. The following are very common:*

£11.00	un bunt ar ddeg
£12.00	deuddeg punt
£15.00	pymtheg punt
£18.00	deunaw punt
£20.00	ugain punt
£22.00	dwy bunt ar hugain
£25.00	pum punt ar hugain
£30.00	deg punt ar hugain

Above £30, most people use the modern system as the traditional forms get really complicated. But, the following are used:

£40	deugain punt
£50	hanner can punt
£80	pedwar ugain punt

Amounts over £99

Just in case you win the lottery or need to buy a house in Cardiff:

£100	can punt
£250	dau gant pum deg o bunnau
£370	tri chant saith deg o bunnau
£1,900	mil naw cant o bunnau
£50,000	hanner can mil o bunnau
£100,000	can mil o bunnau
£200,000	dau gan mil o bunnau
£250,000	chwarter miliwn o bunnau
£2,000,000	dwy filiwn o bunnau

Writing and understanding cheques in Welsh

On cheques, the word **Taler** (*Pay*) is used on printed cheques from most banks. When you need cash, write **Arian Parod**. For twenty pounds **only**, write dau ddeg punt **yn unig**.

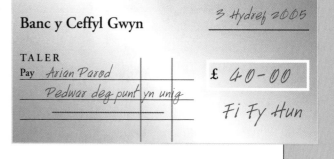

Cwrs Mynediad: Uned 24

Nod: Trafod iechyd a Strategaethau Cyfathrebu
Discussing health and Communication Strategies

1.

Beth sy'n bod arnat ti?	*What's the matter with you?*
Beth sy'n bod arnoch chi?	
Mae pen tost gyda fi	*I've got a headache*
Mae bola tost gyda fe	*He's got a bad stomach*
Does dim gwddw tost gyda fi	*I haven't got a bad throat*
Oes clust dost gyda ti?	*Have you got earache?*
Oes / Nac oes	*Yes / No*

Gyda phartner

Trafod:
'Beth sy'n bod arnat ti?'
'Mae clust dost gyda fi.'

Dyfalu:
'Oes bola tost gyda ti?'
'Oes / Nac oes.'

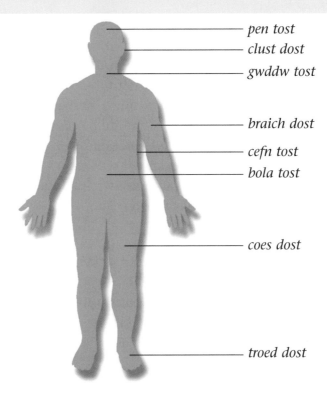

pen tost
clust dost
gwddw tost
braich dost
cefn tost
bola tost
coes dost
troed dost

2.   **Wyt ti'n dost? / Dych chi'n dost?**   *Are you ill?*

Mae annwyd arna i   *I've got a cold*
Mae peswch arna i   *I've got a cough*
Does dim ffliw arna i   *I haven't got flu*

Mae'r ddannodd arni hi   *She's got toothache*
Mae peswch arno fe   *He's got a cough*
Oes gwres arnat ti?   *Have you got a temperature?*

Holiadur

Bydd eich tiwtor yn rhoi cerdyn i bawb sy'n dweud beth sy'n bod arnoch chi.
Ewch o gwmpas yn holi eich gilydd:

     'Oes ffliw arnat ti?'   *neu*   'Beth sy'n bod arnat ti?' / 'Wyt ti'n dost?'
     'Oes/Nac oes.'   'Mae gwres arna i.'

Enw	annwyd	peswch	ffliw	gwres	y ddannodd
1.					
2.					
3.					
4.					
5.					
6.					
7.					
8.					

3.   Yn araf, os gwelwch chi'n dda   *Slowly, please*
Beth yw ………. yn Gymraeg, plîs?   *What's … in Welsh, please?*
Sut dych chi'n sillafu …..?   *How do you spell ………?*
Mae'n flin gyda fi, dw i ddim yn deall   *I'm sorry, I don't understand*
Ydw i'n iawn?   *Am I right / correct?*
Dw i ddim yn gwybod sut i ddweud   *I don't know how to say*
   hynny yn Gymraeg   *that in Welsh*

Deialog

Gyda phartner, llenwch y bylchau yn y ddeialog. Dyma'r brawddegau sydd ar goll:

Sut dych chi'n sillafu ...?

Beth yw hip yn Gymraeg?

Ond dw i ddim yn gwybod sut mae dweud hynny yn Gymraeg.

Ydw i'n iawn?

Mae'n flin gyda fi, ond dw i ddim yn deall.

Yn araf, plîs.

Wedyn, beth am **ymarfer** y ddeialog?

Yn y dafarn

Carol: Sut dych chi, Dai?

Dai: Go lew, Carol, ond mae'r ddannodd arna i.

Carol: Y ddannodd? (1) _____

Dai: Mae dant tost gyda fi.

Carol: O, dw i'n gweld. (2) _____ y ddannodd?

Dai: 'dd', 'a', dwy 'n', 'o', 'dd'.

Carol: Y ddannodd. (*yn dangos darn o bapur*) (3) _____?

Dai: Ydych, dych chi'n iawn. Sut dych chi 'te?

Carol: Dw i ddim yn dda iawn. Mae *hip* tost gyda fi.

(4) _____

(5) _____

Dai: Clun. Mae clun dost gyda chi.

Carol: Pardwn? (6) _____

Dai: (*yn araf*) Mae clun dost gyda chi.

Carol: Oes, dyna chi.

Dai: Wel, iechyd da, Carol!

Carol: Iechyd da, Dai!

Geirfa

annwyd	-	*a cold*	ffliw	-	*flu*
araf	-	*slow*	gwres	-	*temperature*
bola	-	*belly*	hynny	-	*that*
braich (b)	-	*arm*	iechyd	-	*health*
cefn	-	*back*	iechyd da!	-	*cheers!*
clun (b)	-	*hip*	pen	-	*head*
clust (b)	-	*ear*	peswch	-	*a cough, to cough*
coes (b)	-	*leg*	sillafu	-	*to spell*
dant	-	*tooth*	tost (*describing*)	-	*ill / sick*
dannodd (b)	-	*toothache*	troed (b)	-	*foot*

 # Gramadeg

Trafod Iechyd

Discussing Health

Mae pen tost gyda fi

*If an illness names a **part of the body**, we use:*

Mae bola tost **gyda fi**

This is the same pattern as we used in **Uned 9** *for possession / owning:* **Mae car gyda fi.**

Oes gwddw tost gyda ti?	Mae gwddw tost gyda fi.
	Does dim gwddw tost gyda fi.
gyda fi	gyda ni
gyda ti	gyda chi
gyda fe	gyda nhw
gyda hi	

Mae annwyd arna i

If a part of the body is not named, but rather the condition or illness,
e.g. annwyd, peswch, ffliw, gwres, y ddannodd, *we use:*

Mae annwyd **arna i**

(literally: There is a cold on me)

Oes annwyd arnat ti?	Oes, mae annwyd arna i.
	Nac oes, does dim annwyd arna i.
arna i	arnon ni
arnat ti	arnoch chi
arno fe	arnyn nhw
arni hi	

tost *or* dost?

Tost *is an adjective or describing word. If it follows a feminine noun, shown*
*with (b) in the vocabulary list, there is a **soft mutation:** tost > **dost***

pen tost	*but*	clust **d**ost
gwddw tost		braich **d**ost
bola tost		coes **d**ost
dant tost		troed **d**ost

Cwrs Mynediad: Uned 25

Nod: Adolygu ac ymestyn *Revision and extension*

1. **Ble aethoch chi ar eich gwyliau y llynedd?**   *Where did you go on your holidays last year?*

Es i i _____   *I went to _____*

Sut le yw _____?   *What is _____ like?*
Mae e'n ddiddorol   *It's interesting*
   brysur   *It's busy*
   dawel   *It's quiet*

Sut roedd y gwesty?   *What was the hotel like?*
Roedd e'n neis iawn   *It was very nice*
   gyfforddus   *It was comfortable*
   hyfryd   *It was lovely*

Sut roedd y bwyd?   *What was the food like?*
Roedd e'n rhad   *It was cheap*
   ddrud   *It was expensive*
   flasus   *It was tasty*

Sut roedd y tywydd?   *What was the weather like?*
Roedd hi'n braf bob dydd   *It was fine every day*
   gymylog   *It was cloudy*
   bwrw glaw   *It was rainy / It rained*

Holiadur

Ewch i holi pobl am eu gwyliau y llynedd.

Bydd eich tiwtor yn mynd dros y cwestiynau gyntaf.

Enw	Ble?	Sut le?	Gwesty?	Bwyd?	Tywydd?

 Darn darllen

Annwyl Gyfeillion,

Dw i eisiau diolch yn fawr iawn i bawb am helpu heno. Diolch i'r côr am ganu'n hyfryd, diolch i Helen a Doreen am drefnu'r blodau a diolch i bawb yn y gegin am y te arbennig. Mae pawb wedi mwynhau, felly diolch yn fawr i chi i gyd. Nos da.

2. **Ga' i baned o goffi os gwelwch chi'n dda?**   *Can I have a cup of coffee please?*
    Ga' i baned o de os gwelwch chi'n dda?   *Can I have a cup of tea please?*
    Cewch / Cei, wrth gwrs   *Yes, of course*

    Wyt ti eisiau llaeth a siwgr?
    Dych chi eisiau llaeth a siwgr?   ***Do you want milk and sugar?***
    Llaeth ac un siwgr   *Milk and one sugar*
    Dim llaeth, dau siwgr   *No milk, two sugars*
    Llaeth, dim siwgr   *Milk, no sugar*
    Nac ydw, dim diolch   *No thank you*

Chwaraewch y gêm fwrdd i ymarfer gofyn am rywbeth yn y caffi.
Y person cyntaf i gyrraedd y dosbarth sy'n ennill.

Play the board game to practise asking for something in the café.
The first person to reach the class wins.

Pan dych chi'n glanio ar sgwâr, gofynnwch:

When you land on a square, ask:

> **'Ga' i baned o de / o goffi os gwelwch chi'n dda?'**

Rhaid i'r partner ateb:

The partner must answer:

> **'Cei, wrth gwrs. Wyt ti eisiau llaeth a siwgr?'**
> *neu*   **'Cewch, wrth gwrs. Dych chi eisiau llaeth a siwgr?'**

Yna, dych chi'n ateb yn ôl beth sydd ar y sgwâr, er enghraifft:

Then, you answer according to what's on the square, for example:

> **'Llaeth a dau siwgr.'**

Os dych chi'n glanio ar EICH DEWIS CHI, gofynnwch am beth dych chi'n arfer gael mewn caffi.

If you land on EICH DEWIS CHI, ask for what you usually have in a café.

Allwedd / *Key*

= dau siwgr   = llaeth   = te   = coffi

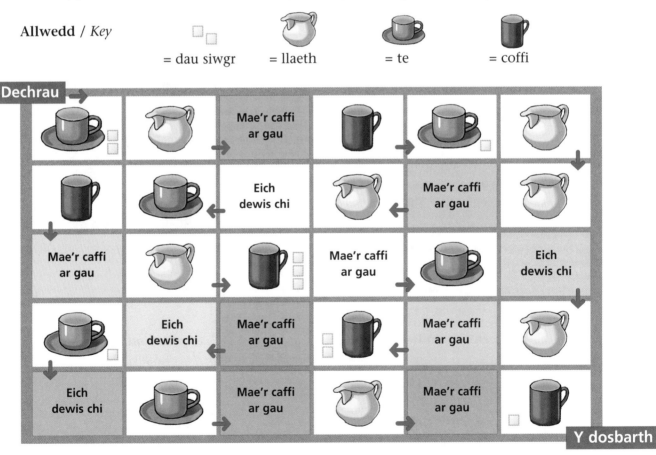

3. **Beth sy'n bod arnat ti?** *What's the matter with you?*
   Beth oedd yn bod arno fe? *What was wrong with him?*

   Mae bola tost gyda fi *I've got an upset stomach*
   Mae peswch arni hi *She's got a cough*
   Roedd cefn tost gyda fe *He had a bad back*
   Roedd gwres arno fe *He had a temperature*

 Darllen deialog

Darllenwch y ddeialog, ac yna llenwch y grid ar sail yr wybodaeth a roddir.
Does dim rhaid i chi ysgrifennu brawddegau, ond rhaid i chi ateb yn Gymraeg.
   Read the dialogue, then complete the grid based on the information given.
   You don't have to write sentences, but you must write in Welsh.

Yn y feddygfa

Gareth: Helo Sara, sut wyt ti?
Sara: Ddim yn dda iawn, mae braich dost gyda fi. Cwympais i yn y tŷ ddoe.
      Dw i'n gweld Dr. Price am chwarter wedi un ar ddeg. Beth amdanat ti, Gareth?
Gareth: Mae annwyd a gwres arna i. Dw i'n gweld Dr. Daniels am chwarter i ddeuddeg.
Sara: Dw i'n mynd i'r ffair haf yn yr ysgol heno. Wyt ti a'r teulu'n mynd?
Gareth: Nac ydw, mae'r plant yn mynd i nofio ar nos Iau.
Sara: Dych chi'n byw yn Rhos-y-bwl o hyd?
Gareth: Nac ydyn, symudon ni i Landdyfrig y llynedd. Dych chi'n byw yn
      Ynyscarwyn o hyd?
Sara: Ydyn. Dyn ni'n symud wythnos nesa, ond dim ond i stryd arall.
Gareth: Pob lwc!

Enw	Beth yw'r broblem?	Beth yw enw'r meddyg?	Pryd maen nhw'n gweld y meddyg?	Mynd heno?	Ble maen nhw'n byw?
Gareth					
Sara					

4.

Faint yw hwnna?   *How much is that?*
Pump punt naw deg ceiniog   *Five pounds ninety pence*

Beth yw pris y llyfr?   *What's the price of the book?*
Un deg pedair o bunnau   *Fourteen pounds*

Faint mae'r afalau'n gostio? *How much do the apples cost?*
Punt chwe deg ceiniog y kilo   *One pound sixty pence a kilo*

Gwrando

Gwrandewch ar y darnau a rhowch lythyren
yr ateb cywir yn y blwch.

> *Listen to the two short recordings and put
> the letter of the correct answer in the box.*

Neges ar beiriant ateb/*Answer machine message:*

1. Ble aeth Delyth bore 'ma?

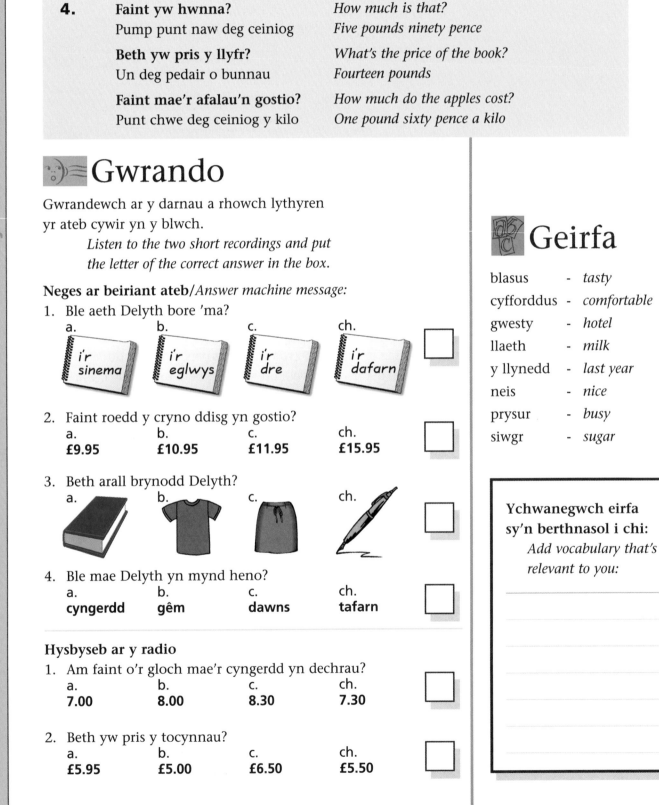

  a. i'r sinema   b. i'r eglwys   c. i'r dre   ch. i'r dafarn

2. Faint roedd y cryno ddisg yn gostio?

a.	b.	c.	ch.
£9.95	**£10.95**	**£11.95**	**£15.95**

3. Beth arall brynodd Delyth?

  a.   b.   c.   ch.

4. Ble mae Delyth yn mynd heno?

a.	b.	c.	ch.
cyngerdd	**gêm**	**dawns**	**tafarn**

Hysbyseb ar y radio

1. Am faint o'r gloch mae'r cyngerdd yn dechrau?

a.	b.	c.	ch.
7.00	**8.00**	**8.30**	**7.30**

2. Beth yw pris y tocynnau?

a.	b.	c.	ch.
£5.95	**£5.00**	**£6.50**	**£5.50**

Geirfa

blasus	-	*tasty*
cyfforddus	-	*comfortable*
gwesty	-	*hotel*
llaeth	-	*milk*
y llynedd	-	*last year*
neis	-	*nice*
prysur	-	*busy*
siwgr	-	*sugar*

**Ychwanegwch eirfa
sy'n berthnasol i chi:**
> *Add vocabulary that's
> relevant to you:*

Rhestr gyfair *Check list*

✔ **Ticiwch beth dych chi'n gallu wneud. Yn Gymraeg!**
Tick what you can do. In Welsh!

☐ Dw i'n gallu disgrifio pethau yn y presennol a'r gorffennol
I can describe things in the present and the past

☐ Dw i'n gallu mynegi barn am rywbeth
I can express an opinion about something

☐ Dw i'n gallu gofyn i berson arall am eu barn am rywbeth
I can ask another person for their opinion about something

☐ Dw i'n gallu gofyn am rywbeth
I can ask for something

☐ Dw i'n gallu rhoi caniatâd i rywun wneud rhywbeth
I can give someone permission to do something

☐ Dw i'n gallu dweud beth dw i eisiau
I can say what I want

☐ Dw i'n gallu gofyn i rywun arall beth maen nhw eisiau
I can ask someone else what they want

☐ Dw i'n gallu gofyn faint yw rhywbeth
I can ask how much something is

☐ Dw i'n gallu dweud beth mae rhywbeth yn gostio
I can say what something costs

☐ Dw i'n gallu ysgrifennu sieciau yn Gymraeg
I can write cheques in Welsh

☐ Dw i'n gallu trafod iechyd yn syml
I can discuss illness on a basic level

☐ Dw i'n gallu gofyn beth sy'n bod ar rywun arall
I can ask what's wrong with someone else

☐ Dw i'n gallu ymdopi wrth gyfathrebu gyda siaradwyr Cymraeg
I can cope when communicating with Welsh speakers

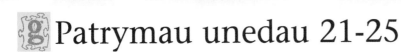 Patrymau unedau 21-25

1. Describing

*(i) Remember that there is a **soft mutation** after **yn** if you're describing someone or something:*

Mae Meinir yn **d**al.

*But that **ll** and **rh** do not mutate:*

Mae'r car yn llwyd.

*(ii) There is no mutation after **yn** if it's followed by a **verb-noun/infinitive** (action word):*

Mae Meinir yn **d**arllen

2. Ga' i ...?

*(i) Remember there is a **soft mutation** after **Ga' i ...?***

Ga' i **b**aned o de?

Ga' i **f**ynd?

(ii) To answer Ga' i ....? , use Cei / Na chei or Cewch / Na chewch.

3. Answering Yes/No

Here is an overview of what we have learnt so far:

Questions beginning with:

Wyt ti ...?	Wyt ti eisiau paned o goffi?	YDW / NAC YDW
Dych chi ...?	Dych chi'n mynd i'r dre?	YDW / NAC YDW
*(referring to **two** or more people)*		YDYN / NAC YDYN
Ydy e / hi ...?	Ydy e'n byw yng Nghaerdydd?	YDY / NAC YDY
	Ydy hi'n wyntog?	YDY / NAC YDY
Oes ...?	Oes car gyda ti?	OES / NAC OES
	Oes annwyd arno fe?	OES / NAC OES
Oedd ...?	Oedd hi'n braf?	OEDD / NAC OEDD
	Oedd y bwyd yn flasus?	OEDD / NAC OEDD
Ga' i ...?	Ga' i ddefnyddio'r ffôn?	CEI / NA CHEI
		CEWCH / NA CHEWCH

Questions in the past tense:

Est ti i'r dre?	**Gaethoch chi hwyl?**	DO / NADDO
Ddaeth e i'r dosbarth?	**Weithiest ti yn yr ardd?**	DO / NADDO

4. Wyt ti eisiau …? Dw i eisiau …

*You **don't** need* **yn** *before eisiau, as you do with other verb-nouns:*

> Dw i eisiau mynd.
>
> Dw i ddim eisiau help.

but: Dw i'n mynd.

> Dw i ddim yn gwybod.

5. Please…!

The easiest way of saying 'Please' in Welsh is **Plîs**. *It is widely used in all contexts. If you are talking to a person you'd call 'chi', you can use* **os gwelwch chi'n dda** *or if you are talking to a person you'd call 'ti', you can use* **os gweli di'n dda**.

6. Arian! Arian! Arian!

(i) **Ceiniog** *(penny) and* **Punt** *(pound) are both **feminine nouns**.*

So: **dwy** geiniog   **dwy** bunt

tair ceiniog   **tair** punt

pedair ceiniog   **pedair** punt

*(ii) Notice that you use the **singular** after a number in Welsh (**dwy bunt** - two pound, not as in English: two pounds).*

(iii) There are two ways of counting after ten – the traditional un ar ddeg, deuddeg, tri ar ddeg *etc., and the more modern digital method –* un deg un, un deg dau, un deg tri …

7. Trafod Iechyd/Discussing Health

*(i) If an illness names a **part of the body**, we use:*

> **Mae** bola tost **gyda fi**

which is the same pattern as in **Uned 9**: **Mae car gyda fi**.

(ii) If a part of the body is not named, but rather the condition or illness, e.g. annwyd, peswch, ffliw, gwres, y ddannodd, *we use:*

> **Mae** annwyd **arna i**

(iii) **Tost** *is an adjective or describing word. If it follows a feminine noun, shown with (b) in the vocabulary list, there is a **soft mutation:*** tost > **d**ost

> pen tost   *but*   clust **d**ost
>
> gwddw tost   braich **d**ost

Geirfa Graidd - unedau 21–25

£2 yr un	-	*£2 each*
annwyd	-	*a cold*
araf	-	*slow*
ateb	-	*answer, to answer*
bacwn	-	*bacon*
baner (b)	-	*flag*
beiro	-	*biro*
benthyg	-	*to borrow, to lend*
blasus	-	*tasty*
bola	-	*belly*
braich (b)	-	*arm*
brown	-	*brown*
bwydlen (b)	-	*menu*
bwyta	-	*to eat*
byr	-	*short*
cacen (b)	-	*cake*
Canada	-	*Canada*
carden (b)	-	*card*
cartref	-	*home, homemade*
cas	-	*nasty*
caws	-	*cheese*
cefn	-	*back*
clun (b)	-	*hip*
clust (b)	-	*ear*
cocos	-	*cockles*
coch	-	*red*
coes (b)	-	*leg*
cryno ddisg	-	*compact disc*
crys T	-	*T shirt*
cwestiwn	-	*question*

cwrw	-	*beer*
cyfforddus	-	*comfortable*
cyffrous	-	*exciting*
cylchgrawn	-	*magazine*
Cymru	-	*Wales*
dannodd (b)	-	*toothache*
dant	-	*tooth*
De Affrica	-	*South Africa*
dechrau	-	*to begin, start*
defnyddio	-	*to use*
dewis	-	*to choose*
diddorol	-	*interesting*
diflas	-	*boring*
drud	-	*expensive*
du	-	*black*
dŵr	-	*water*
eisiau	-	*need, to need*
ffliw	-	*flu*
Ffrainc	-	*France*
glas	-	*blue*
golygus	-	*handsome*
grêt	-	*great*
gwesty	-	*hotel*
gwres	-	*temperature*
gwych	-	*fantastic*
gwyn	-	*white*
gwyrdd	-	*green*
hen	-	*old*
hyfryd	-	*lovely*
hynny	-	*that*

iechyd da!	-	cheers!
iechyd	-	health
ifanc	-	young
Iwerddon	-	Ireland
Japan	-	Japan
lemonêd	-	lemonade
lifft	-	lift
losin	-	sweets
llaeth	-	milk
llwyd	-	grey
llysiau	-	vegetables
melyn	-	yellow
neis	-	nice
Norwy	-	Norway
oren	-	orange
pecyn	-	pack
peint	-	pint
pen	-	head
pensil(iau)	-	pencil(s)
pert	-	pretty
peswch	-	a cough, to cough
pinc	-	pink
piws	-	purple
porffor	-	purple
prysur	-	busy
rhad	-	cheap
rhaglen deledu (b)	-	television programme
salw	-	ugly
Sbaen	-	Spain

sgert (b)	-	skirt
sglodion	-	chips
siarad â	-	to talk to
sillafu	-	to spell
siocled	-	chocolate
siwgr	-	sugar
sudd	-	juice
Sweden	-	Sweden
tal	-	tall
talentog	-	talented
talu	-	to pay
tawel	-	quiet
teisen (b)	-	cake
tenau	-	slim, thin
tew	-	fat
tocyn(nau)	-	ticket(s)
tost (describing)	-	ill / sick
treiffl	-	trifle
troed (b)	-	foot
tywyll	-	dark
Uruguay	-	Uruguay
y llynedd	-	last year
Yr Alban	-	Scotland
Yr Almaen	-	Germany

Cwrs Mynediad: Uned 26

Nod: Disgrifio golwg rhywun a disgrifio eich cartref
Describing how someone looks and describing your home

1. **Sut un yw e / hi?** — *What is he/she like?*

Mae e'n foel / dew / dal / fyr	*He's bald / fat / tall / short*
Mae gwallt golau gyda fe	*He's got fair hair*
tywyll gyda hi	*She's got dark hair*
cyrliog gyda fi	*I've got curly hair*
hir gyda fe	*He's got long hair*
byr gyda hi	*She's got short hair*

Mae llygaid glas gyda fe	*He's got blue eyes*
brown gyda hi	*She's got brown eyes*
Mae trwyn hir gyda fe	*He's got a long nose*
smwt gyda hi	*She's got a stubby nose*
Mae mwstash gyda fe	*He's got a moustache*
sbectol gyda hi	*She's got/wears glasses*
barf gyda fe	*He's got a beard*

Oes gwallt golau gyda fe?	*Has he got fair hair?*
llygaid glas gyda hi?	*Has she got blue eyes?*
het gyda fe?	*Has he got a hat?*
clustdlysau gyda hi?	*Has she got ear-rings?*

Beth yw lliw ei wallt e?	*What colour is his hair?*
lliw ei gwallt hi?	*What colour is her hair?*
lliw ei lygaid e?	*What colour are his eyes?*
lliw ei llygaid hi?	*What colour are her eyes?*
Ydy e'n foel?	*Is he bald?*
dew?	*Is he fat?*

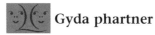 **Gyda phartner**

Gofynnwch gwestiynau i'ch partner i gael gweld pa berson mae e/hi'n edrych arno, e.e.

Ask your partner questions to find out which person he or she is looking at, e.g.

'Dyn neu fenyw yw'r person?'   'Dyn yw e.'
'Oes gwallt cyrliog gyda fe?'   'Nac oes, does dim gwallt cyrliog gyda fe.'
'Ydy e'n foel?'   'Ydy.'
'Dewi yw e?'   'Nage, dim Dewi yw e.'
'Oes … gyda fe?'
etc.

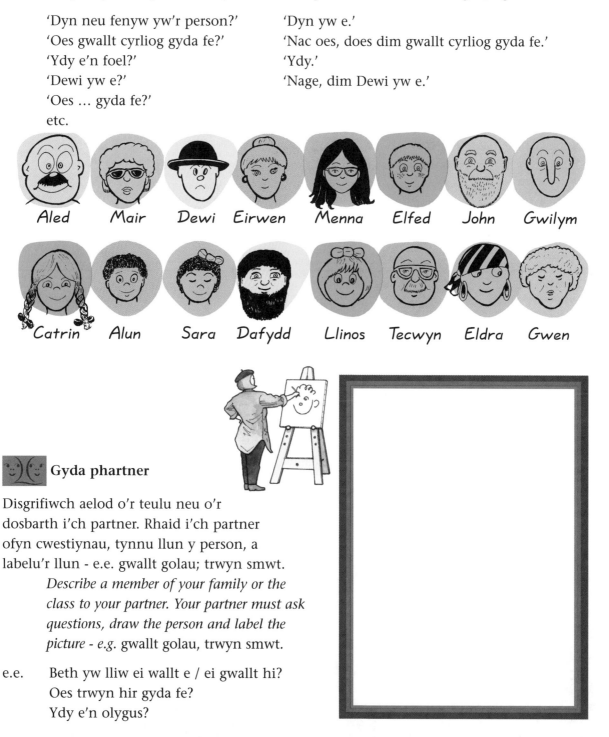

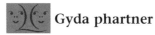 **Gyda phartner**

Disgrifiwch aelod o'r teulu neu o'r dosbarth i'ch partner. Rhaid i'ch partner ofyn cwestiynau, tynnu llun y person, a labelu'r llun - e.e. gwallt golau; trwyn smwt.

Describe a member of your family or the class to your partner. Your partner must ask questions, draw the person and label the picture - e.g. gwallt golau, trwyn smwt.

e.e.   Beth yw lliw ei wallt e / ei gwallt hi?
         Oes trwyn hir gyda fe?
         Ydy e'n olygus?

2. | Sawl ystafell wely sy gyda chi? | *How many bedrooms have you got?*
Sawl ystafell ymolchi sy gyda chi? | *How many bathrooms have you got?*
Oes gardd fawr gyda chi? | *Have you got a big garden?*
Oes garej gyda chi? | *Have you got a garage?*

Mae lolfa fawr gyda ni | *We've got a big lounge*
Mae ystafell fwyta fach gyda ni | *We have a small dining room*
Mae cegin hyfryd gyda ni | *We've got a lovely kitchen*

Holiadur Pedwar Person

Holwch bedwar person am eu cartref. Does dim rhaid i'r atebion fod yn wir!
Ask four people about their homes. The answers don't have to be true!

Enw	1_____	2_____	3_____	4_____
Sawl ystafell wely?				
Sawl ystafell ymolchi?				
Lolfa fawr?				
Ystafell fwyta?				
Gardd?				
Garej?				
Pwll nofio?				

Darllenwch y ddeialog hon gyda'r tiwtor ac yna gyda'ch partner:

Alun: Ble wyt ti'n byw?

Beti: Yn Llanbed. Beth amdanat ti?

Alun: Dw i'n byw ar fferm ar bwys Felin-fach. Wyt ti'n byw ar fferm?

Beti: Nac ydw, dw i'n byw mewn tŷ. Mae tair ystafell wely, un ystafell ymolchi, lolfa a chegin fawr gyda ni.

Alun: Mae dwy ystafell wely a dwy ystafell ymolchi *en suite* gyda ni. Oes garej gyda chi?

Beti: Nac oes, ond mae lle parcio ar bwys y tŷ ac mae gardd fawr neis gyda ni. Beth amdanat ti?

Alun: Mae garej gyda ni a dyw'r ardd ddim yn rhy fawr, diolch byth. Dw i ddim yn hoffi gweithio yn yr ardd!

Llenwch y grid gyda'r wybodaeth am Alun a Beti:

Fill the grid with information about Alun and Beti:

Enw:	Byw?	Sawl ystafell wely?	Sawl ystafell ymolchi?	Garej?	Gardd?
Alun					
Beti					

Mae 2 ystafell arall wedi'u henwi yn y ddeialog. Beth ydyn nhw?

Two other rooms are named in the dialogue. What are they?

1. _____

2. _____

 Deialog

Yn y parti

A: Pwy yw hwnna draw fan 'na? Mae gwallt **golau** a **sbectol** gyda fe.

B: O, **Bryn James** yw hwnna. **Gŵr Sandra** yw e.

A: O, ie, dw i'n gwybod – **ffermwr** yw e. Wyt ti'n nabod honna ar bwys y bar 'te? Mae gwallt **hir tywyll** gyda hi.

B: **Siriol Hughes** yw honna. Mae hi'n gweithio fel **cyfreithwraig** yn y dre.

A: A pwy yw'r dyn **byr** 'na ar bwys y drws? Mae **trwyn hir** gyda fe - on'd yw e'n salw?

B: O... Eifion fy **nghefnder** i yw hwnna.

 Geirfa

barf (b)	-	*beard*
byr	-	*short*
cegin(au) (b)	-	*kitchen(s)*
clustdlws (clustdlysau)	-	*ear-ring(s)*
cyfreithwraig (b)	-	*female solicitor*
cyrliog	-	*curly*
golau	-	*fair (hair)*
gwallt	-	*hair*
het(iau) (b)	-	*hat(s)*
hir	-	*long*
honna (b)	-	*that one (feminine person / thing)*
hwnna	-	*that one (masculine person / thing)*
lolfa (b)	-	*lounge*
lle parcio	-	*parking space*
llygad (llygaid)	-	*eye(s)*
moel	-	*bald*
mwstash	-	*moustache*
sbectol (b)	-	*glasses*
smwt	-	*snub (nose)*
trwyn(au)	-	*nose(s)*
tywyll	-	*dark*
ystafell fwyta (b)	-	*dining room*
ystafell fyw (b)	-	*living room*
ystafell wely (b)	-	*bedroom*
ystafell ymolchi (b)	-	*bathroom*

Gramadeg

How many?

Yn Uned 9, roedd:

Faint o blant sy gyda ti?
> *How many children have you got?*

Yma, mae ffordd arall (*another way*):

Sawl ystafell wely sy gyda chi?
> *How many bedrooms have you got?*

Felly, mae dau ddewis (*two options*):

> Faint + o + **plural noun**
> - Faint o ystafelloedd sy gyda chi?
>
> Sawl + **singular noun**
> - Sawl ystafell sy gyda chi?

Ystafell

Mae **ystafell** yn fenywaidd (*feminine*), felly cofiwch y **treiglad meddal**:

ystafell _wely	-	*bedroom*
ystafell **f**wyta	-	*dining room*
ystafell **f**yw	-	*living room*

Cwrs Mynediad: Uned 27

Nod: Dweud beth dych chi'n gallu wneud a pha mor aml dych chi'n gwneud rhywbeth
Saying what you are able to do and how often you do something

1.

Beth dych chi'n gallu wneud?	*What can you do?*
Wyt ti'n gallu canu?	*Can you sing? /*
Dych chi'n gallu canu?	*Are you able to sing?*
Ydw, dw i'n gallu canu	*Yes, I can sing*
canu'n dda iawn	*Yes, I can sing very well*
canu'n eitha da	*Yes, I can sing quite well*
Nac ydw, dw i ddim yn gallu canu	*No, I can't sing*
Ydy e'n gallu helpu?	*Can he help?*
Ydy, mae e'n gallu helpu	*Yes, he can help*
Nac ydy, dyw e ddim yn gallu helpu	*No, he can't help*

Gyda phartner

'Wyt ti'n gallu _____?'
'Ydw, dw i'n gallu _____ yn dda iawn / yn eitha da.'
'Nac ydw, dw i ddim yn gallu _____'

coginio

gyrru

chwarae golff

canu'r piano

peintio

siarad Sbaeneg

sgïo

nofio

Mewn grwpiau o dri

Trafodwch beth mae pobl dych chi'n nabod
yn gallu wneud neu ddim yn gallu wneud.

> *Discuss what people you know can or can't do.*

> e.e.   Mae fy mrawd i'n gallu gyrru motor beic.

> Dyw fy ffrind i ddim yn gallu nofio.

> Mae fy mhlant i'n gallu chwarae tenis.

Dyma rai syniadau:

defnyddio cyfrifiadur, siarad iaith arall,
canu offeryn cerdd, dawnsio'r salsa, chwaraeon.

2. **Pa mor aml dych chi'n nofio?**	*How often do you swim?*
byth	*never*
Dw i byth yn nofio	*I never swim*
Dyw e byth yn nofio	*He never swims*
bob dydd	*every day*
bob wythnos	*every week*
ambell waith/ weithiau	*sometimes*
yn aml	*often*
unwaith y mis	*once a month*
dwywaith yr wythnos	*twice a week*
unwaith y flwyddyn	*once a year*
Dw i'n nofio bob dydd	*I swim every day*
Dw i'n nofio'n aml	*I often swim*
Dw i ddim yn canu'r piano'n aml	*I don't play the piano often*
Dyw hi ddim yn nofio bob dydd	*She doesn't swim every day*

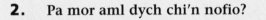 # Deialog

A: Wyt ti'n hoffi **nofio**?

B: Ydw, ond dw i ddim yn gallu **nofio'n dda iawn**.

A: Pa mor aml wyt ti'n **mynd i nofio**?

B: **Bob wythnos**.

A: Wyt ti'n **mynd i'r sinema** weithiau?

B: Nac ydw. Byth. Wyt ti, 'te?

A: Nac ydw, dw i ddim yn gallu diodde **ffilmiau**.

Geirfa

ambell waith	-	*sometimes*
bob dydd	-	*every day*
byth	-	*never*
dwywaith y mis	-	*twice a month*
ddim yn gallu diodde	-	*can't stand*
eitha da	-	*quite well*
pa mor aml…?	-	*how often …?*
unwaith	-	*once*
weithiau	-	*sometimes*
yn aml	-	*often*

Ychwanegwch eirfa sy'n berthnasol i chi:
Add vocabulary that's relevant to you:

_____

_____

_____

_____

Gramadeg

Gallu

Mae **gallu** yn golygu (*means*) - *can / to be able to*.

Dyma'r patrwm i'r rhai sy'n dwlu ar batrymau!
Here's the pattern for you pattern freaks!

Dw i'n gallu nofio	Dw i ddim yn gallu nofio	Ydw i'n gallu nofio?
Rwyt ti'n gallu nofio	Dwyt ti ddim yn gallu nofio	Wyt ti'n gallu nofio?
Mae e / hi'n gallu nofio	Dyw e / hi ddim yn gallu nofio	Ydy e / hi'n gallu nofio?
Dyn ni'n gallu nofio	Dyn ni ddim yn gallu nofio	Dyn ni'n gallu nofio?
Dych chi'n gallu nofio	Dych chi ddim yn gallu nofio	Dych chi'n gallu nofio?
Maen nhw'n gallu nofio	Dyn nhw ddim yn gallu nofio	Dyn nhw'n gallu nofio?

Byth

Dych chi'n defnyddio'r **negyddol** (*negative forms*) gyda **byth:**

Dyw e byth yn golchi'r llestri	*He never washes the dishes*
Dwyt ti byth yn gyrru'r car	*You never drive the car*

Canu

Yn Gymraeg, dyn ni'n **canu** (*sing*) a dyn ni'n **canu offeryn** (*lit. sing an instrument*)
e.e. **canu'r** piano; **canu'r** gitâr, **canu'r** trwmped

Ond, mae pobl yn aml yn dweud **chwarae'r** piano, **chwarae'r** gitâr.

Cwrs Mynediad: Uned 28

Nod: Trafod llefydd *Discussing places*

1. **Wyt ti wedi bod yn Awstralia?** *Have you been to Australia?*
Wyt ti wedi bod yn America erioed? *Have you ever been to America?*

YDW / NAC YDW

Dw i wedi bod 'na unwaith   *I've been there once*
Dw i wedi bod 'na ddwywaith   *I've been there twice*
Dw i wedi bod 'na sawl gwaith   *I've been there several times*
Dw i ddim wedi bod 'na erioed   *I've never been there*

Holiadur

Meddyliwch am ddau le diddorol yng Nghymru dych chi wedi bod
ynddyn nhw. Gofynnwch i 5 o bobl eraill ydyn nhw wedi bod yno erioed.
Think of two interesting places in Wales you've been to.
Ask 5 other people if they've ever been there. ✔✗

Enw	Lle 1: _____	Lle 2: _____
1.		
2.		
3.		
4.		
5.		

2.

Mae John wedi bod yn yr Almaen	*John's been to Germany*
Mae e wedi bod 'na o'r blaen	*He's been there before*

Mae Margaret wedi bod yn yr Eidal	*Margaret has been to Italy*
Mae hi wedi bod 'na sawl gwaith	*She's been there several times*

Ble mae e wedi bod?	***Where has he been?***
Ble mae hi wedi bod?	***Where has she been?***

Ydy John wedi bod yn Llundain?	*Has John been to London?*
Ydy Margaret wedi bod yn Sbaen?	*Has Margaret been to Spain?*

Gyda phartner

Ticiwch 3 o'r llefydd ar y map.
Partner A: Dyma'r llefydd mae John wedi bod ynddyn nhw.
Partner B: Dyma'r llefydd mae Margaret wedi bod ynddyn nhw.
Gofynnwch gwestiynau yn eich tro i gael hyd i'r tri lle mae eich partner wedi ticio.
Y cyntaf i gael y tri sy'n ennill.

Tick 3 of the places on the map.
Partner A: These are the places
* where John has been.*
Partner B: These are the places
* Margaret has been to.*
Ask questions in turn to find the
three places your partner has ticked.
The first to find all three wins.

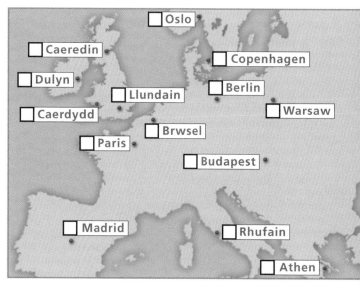

Cofiwch - dim ''n' gyda 'wedi':
   Dw i wedi bod...
Remember - no ''n' with 'wedi':
   Dw i wedi bod...

3.

Roedd e'n ddiddorol	*It was interesting*
Roedd e'n bert	*It was pretty*
Roedd e'n ofnadwy	*It was terrible*
Roedd e'n rhy fawr	*It was too big*

Sut le oedd Caeredin?	***What sort of place was Edinburgh?***

Dyfalu - Wyt ti wedi bod yn...?

Guessing - Have you been to...?

Ar ddarn o bapur, ysgrifennwch enw un lle diddorol dych chi wedi bod ynddo.
Bydd eich tiwtor yn rhoi'r papurau mewn bocs a bydd rhaid i chi ddewis un o'r llefydd.
Ceisiwch ddyfalu pwy yn y dosbarth sy wedi bod yn y lle ar y papur.

On a scrap of paper, write the name of one interesting place you've been to.
Your tutor will put the papers in a box and you will have to choose one of the places.
Try to guess who in the class has been to the place written on the paper.

Y cwestiwn pwysig – *The key question:*

Wyt ti wedi bod yn....?

Bydd y tiwtor yn ysgrifennu'r
llefydd ar y bwrdd wrth fynd
ymlaen. Ar ôl gorffen, siaradwch
â'ch partner am bob lle.

Your tutor will write the places
on the board as you go along.
After finishing, talk to your
partner about each place.

4.		
	Ro'n i'n dost	*I was ill*
	Ro'n i wedi blino	*I was tired*
	Ro'n i wedi meddwi	*I was drunk*
	Ro'n i'n rhy hwyr	*I was too late*
	Ro'n i'n rhy brysur	*I was too busy*
	Ro'n i'n iawn	*I was OK/alright*
	Roedd e'n rhy oer	*It was too cold*
	Roedd e'n rhy bell i gerdded	*It was too far to walk*
	Roedd e'n rhy ddrud	*It was too expensive*
	Roedd y gwesty'n neis iawn	*The hotel was very nice*
	Roedd y bwyd yn fendigedig	*The food was excellent*

Cerdyn Post

Darllenwch y cerdyn post hwn yn uchel i'ch partner. Yna newidiwch y geiriau sy mewn llythrennau tywyll a'i ddarllen eto. Dysgwch y cerdyn ar eich cof!

Read this post-card aloud to your partner. Then change the words which are in bold type and read again. Learn your post-card by heart!

> Annwyl John,
> Dw i wedi cyrraedd Lanzarote. Mae'r tywydd yn **fendigedig**. Es i i'r dafarn neithiwr a ges i **paella**. Ro'n i'n dost y bore 'ma!
> Mae'r gwesty'n neis iawn a dw i'n gallu gweld y môr o'r ystafell.
> Gwela i di wythnos nesa. Hwyl,
> Menna
>
> CERDYN POST

 Rhoi Rhesymau

Giving reasons

Gyda'ch partner, meddyliwch am reswm pam aethoch chi i'r llefydd hyn neu pam nad aethoch chi. Dechreuwch â 'Ro'n i...' neu 'Roedd e...'

With your partner, think of a reason why you did or didn't go to these places. Start with 'Ro'n i...' or 'Roedd e...'

e.e. Aethoch chi i Barbados?   Naddo. Roedd e'n rhy ddrud.
        Did you go to Barbados?   *No. It was too expensive.*

1. Aethoch chi i Alaska?
2. Aethoch chi i Hong Kong?
3. Aethoch chi i'r Ristorante Italiano?
4. Aethoch chi i Land's End?
5. Aethoch chi i Lundain?
6. Aethoch chi adre yn y car?
7. Aethoch chi i'r gwely?
8. Aethoch chi i'r dosbarth Cymraeg?

Deialog

A: Wyt ti wedi bod yn **Llangrannog** o'r blaen?

B: Nac ydw. Beth amdanat ti?

A: Dw i wedi bod 'ma **sawl gwaith**.

B: Mae'r plant wedi bod yma. Daethon nhw 'ma gyda'r **ysgol**.

A: Des i 'ma flynyddoedd yn ôl.

B: Sut le yw **Llangrannog**? Ydy'r lle wedi newid?

A: Nac ydy, dim llawer. Mae e'n **brysur** yn yr haf ac yn **dawel** yn y gaeaf.

B: Wel, mae e'n **fendigedig** yn y tywydd 'ma.

Geirfa

o'r blaen	-	*before / previously*
sawl gwaith	-	*several times*
blynyddoedd	-	*years*
newid	-	*to change*
tawel	-	*quiet*
bendigedig	-	*excellent*

Ychwanegwch eirfa sy'n berthnasol i chi:
Add vocabulary that's relevant to you:

_____

_____

_____

Gramadeg

wedi
Cofiwch fod y gair **wedi** yn cael ei ddefnyddio yn lle **yn** neu **'n** i gysylltu rhannau'r frawddeg â'i gilydd.

> *Remember that the word* **wedi** *is used instead of* **yn** *or* **'n** *to connect the parts of the sentence.*

> Mae John wedi bod yma o'r blaen.   [*No* **yn** *after* John]
> Dw i wedi blino.   [*No* **'n** *after* Dw i]

rhy
Mae Treiglad Meddal ar ôl **rhy**:

> *There is a* Treiglad Meddal *after* **rhy** *(too):*

> Mae e'n rhy bell.   [*from* pell]
> Mae e'n rhy ddrud.   [*from* drud]

Sut
Ystyr **Sut** fel arfer yw 'How?' O flaen enw, mae'n gallu golygu 'What sort of...?' Os felly, mae Treiglad Meddal yn dilyn:

> **Sut** *usually means* '**How?**' *In front of a noun, it can mean* '**What sort of...?**' *If so, a* Treiglad Meddal *follows:*

> Sut le yw Caergybi?   *What sort of place is Holyhead?*
> Sut berson yw John?   *What sort of person is John?*

Wedi a'r gorffennol Wedi *and the past tense*
Cofiwch y gwahaniaeth rhwng brawddegau **wedi** a'r gorffennol:

> *Remember the difference between* wedi *sentences and the past:*

> Mae'r plant wedi dod i'r ysgol   *The children have come to school*
> Daeth y plant i'r ysgol   *The children came to school*

> **Wedi** *sentences usually mean that someone* **has** *done something or* **has** *been somewhere or that people* **have** *been somewhere or* **have** *done something.*

Cwrs Mynediad: Uned 29

Nod: Trafod Cynlluniau *Discussing plans*

1.

Fyddwch chi gartre yfory?	*Will you be home tomorrow?*
Fyddwch chi yn y gwaith yfory?	*Will you be in work tomorrow?*
Fyddi di'n rhydd wythnos nesa?	*Will you be free next week?*
Fyddi di ar gael dydd Mercher?	*Will you be available on Wednesday?*
Bydda / Na fydda	*Yes / No*
Bydda i'n gweithio	*I'll be working*
Bydda i'n hwyr heno	*I'll be late tonight*
Fydda i ddim yn gweithio bore yfory	*I won't be working tomorrow morning*
Fydda i ddim gartre dydd Iau	*I won't be home on Thursday*

Cwestiwn i bawb

Cofnodwch eich atebion yma - *Note your answers here!*

Enw	Ateb

2. Pryd bydd e nôl?   *When will he be back?*
Pryd bydd e'n cyrraedd?   *When will he arrive?*
Fydd e'n rhydd?   *Will he be free?*
Fydd hi ar gael?   *Will she be available?*

Bydd / Na fydd   *Yes / No*

Bydd e nôl erbyn chwech   *He'll be back by six o'clock*
Bydd hi'n gadael bore yfory   *She'll be leaving tomorrow morning*
Fydd e ddim yn cyrraedd heddiw   *He won't arrive today*
Fydd hi ddim ar gael yn y bore   *She won't be available in the morning*

Dyddiadur Person Enwog

Dych chi'n gweithio fel ysgrifennydd i berson enwog. Dyma ei ddyddiadur e / ei dyddiadur hi. Ysgrifennwch enw'r person enwog _____

Dydd Llun		Nos Lun	
Dydd Mawrth		Nos Fawrth	
Dydd Mercher		Nos Fercher	
Dydd Iau		Nos Iau	
Dydd Gwener		Nos Wener	

Llenwch ddyddiadur y person enwog. Bydd e/hi'n gweithio ambell waith, yn ymlacio ambell waith ac weithiau, fydd e/hi ddim yn gwneud dim byd.

Yn gweithio (dewiswch 4)

yn ymarfer canu/actio/pêl-droed/siarad
yn ysgrifennu llyfr am ei fywyd/ei bywyd
yn cyfri ei arian/ei harian
yn mynd ar y teledu
yn siarad â'r cylchgrawn *Hello!*

Dim byd (x 3)

Yn ymlacio (dewiswch 3)

yn cael bath hir
yn golchi ei wallt/ei gwallt
mewn cinio pwysig
yn chwarae golff/sboncen
ar y ffôn

Gofynnwch gwestiynau i ysgrifenyddion eraill er mwyn trefnu cyfarfod.
Ask other secretaries questions so that you can arrange a meeting.

'Fydd _____
yn rhydd Nos Wener?'

'Pryd mae _____
yn cyfri ei arian/ei harian?'

'Beth fydd _____
yn wneud dydd Mawrth?'

3.	**Ble byddwch chi'n mynd ar wyliau?**	*Where will you go on holiday?*
	Sut byddwch chi'n mynd?	*How will you go?*
	Beth fyddan nhw'n wneud?	*What will they do?*
	Pryd byddan nhw'n dod nôl?	*When will they be coming back?*
	Byddwn ni'n mynd i'r Eidal	*We'll be going to Italy*
	Byddwn ni'n mynd mewn awyren	*We'll be going by plane*
	Byddan nhw'n ymweld â Rhufain	*They'll visit Rome*
	Byddan nhw'n dod nôl dydd Sul nesa	*They'll be coming back next Sunday*

 Gyda phartner

Trefnwch wyliau gyda'ch partner. Dewiswch:

i) **Ble** byddwch chi'n mynd.

_____

ii) **Pryd** byddwch chi'n mynd a phryd byddwch chi'n dod nôl.

_____

iii) **Sut** byddwch chi'n mynd.

_____

iv) **Beth** fyddwch chi'n wneud ar eich gwyliau.

_____

Gofynnwch gwestiynau i bâr arall.

Ysgrifennwch fanylion eu gwyliau nhw:

Write the details of their holidays:

Ble? _____

Pryd? _____

Sut? _____

Beth? _____

Cofiwch ofyn am ganiatâd (*permission*) cyn mynd!

Deialog

A: Fyddi di nôl yn gynnar **nos yfory**?

B: Na fydda, bydda i'n hwyr.

A: Beth am **nos Fawrth**?

B: Rhaid i fi weithio'n hwyr **nos Fawrth**.

A: Wel, beth am **nos Iau**, 'te?

B: Bydd Dafydd a fi'n mynd i **Gaerdydd dydd Iau** a ...

A: Byddwch chi nôl yn hwyr. Wel, mae un peth yn amlwg.

B: Beth, nawr 'to?

A: Bydd y ci'n bwyta'n dda yr wythnos yma!

Geirfa

amlwg	-	*obvious*
ar gael	-	*available*
bwyta'n dda	-	*to eat well*
bywyd	-	*life*
campfa (b)	-	*gym*
cyfri	-	*to count*
erbyn saith o'r gloch	-	*by seven o'clock*
pwysig	-	*important*
rhydd	-	*free*

**Ychwanegwch eirfa
sy'n berthnasol i chi:**

*Add vocabulary that's
relevant to you:*

_____

_____

_____

_____

Gramadeg

Y Dyfodol
The Future

Yn Uned 7, gwelon ni: **Bydd** hi'n braf yfory.

Dyma'r patrwm i gyd:
Here's the whole pattern:

Bydda i'n mynd	Fydda i ddim yn mynd	Fydda i'n mynd?	**Bydda / Na fydda**
Byddi **di**'n mynd	Fyddi **di** ddim yn mynd	Fyddi **di**'n mynd?	
Bydd e/hi'n mynd	Fydd e/hi ddim yn mynd	Fydd e/hi'n mynd?	**Bydd / Na fydd**
Byddwn ni'n mynd	Fyddwn ni ddim yn mynd	Fyddwn ni'n mynd?	
Byddwch chi'n mynd	Fyddwch chi ddim yn mynd	Fyddwch chi'n mynd?	
Byddan nhw'n mynd	Fyddan nhw ddim yn mynd	Fyddan nhw'n mynd?	

Sylwch mai **di** sydd yn y dyfodol, nid **ti**
*Note that it's **di** in the future, not **ti***

Yes / No

Dyn ni'n cyflwyno **dau** ateb yn y dyfodol yma:
*We are introducing **two** answers in the future tense here:*

> **Bydda/Na fydda** - i ateb cwestiynau 'Fyddi di...?' a 'Fyddwch chi...?'
> **Bydd/Na fydd** - i ateb cwestiynau 'Fydd e/hi....?'

Cwrs Mynediad: Uned 30

Nod: Adolygu ac ymestyn *Revision and extension*

1.

Mae gwallt byr golau gyda fe	He's got short brown hair
Mae gwallt hir tywyll gyda hi	She's got long dark hair
Does dim sbectol gyda hi	She hasn't got/doesn't wear glasses
Oes barf gyda fe?	Has he got a beard?

Dw i'n gallu siarad Cymraeg	I can speak Welsh
Dw i ddim yn gallu nofio'n dda iawn	I can't swim very well
Mae e'n gallu teipio'n eitha da	He can type quite well
Dyw hi ddim yn gallu agor y ffenest	She can't open the window
Wyt ti'n gallu cofio?	Can you remember?
Dych chi'n gallu helpu?	Can you help?

Dw i wedi bod yn America	I have been to America
Dw i ddim wedi bod yn Sbaen	I haven't been to Spain
Wyt ti wedi bod yn Awstralia?	Have you been to Australia?
Dych chi wedi bod yn Llangrannog?	Have you been to Llangrannog?

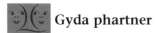 **Gyda phartner**

Meddyliwch am 6 brawddeg am y person yng nghanol y llun gan ddefnyddio'r wybodaeth yn yr arwyddion o'i gwmpas.

Think of 6 sentences about the person in the centre of the picture using the information in the signs around him.

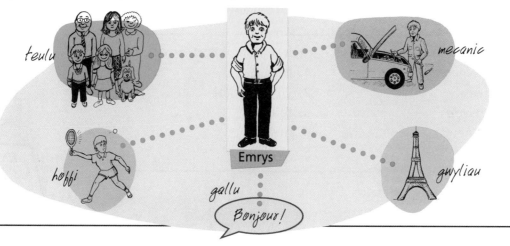

Dyma Emrys. _____

_____

_____

_____

_____

_____

Darllen yn uchel

Annwyl Gyfeillion,

Croeso i chi i gyd i'r cyngerdd heno. Mae'n hyfryd gweld y neuadd yn llawn. Mae pawb wedi bod yn brysur yn paratoi, a dyn ni i gyd yn edrych ymlaen at noson dda. Dw i'n siŵr bydd pawb yn mwynhau. Croeso mawr i chi bob un.

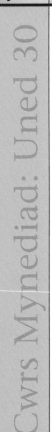

Cwrs Mynediad: Uned 30

Gyda phartner

Gofynnwch gwestiynau yn Gymraeg i'ch partner ('yr Arholwr') er mwyn cael gwybodaeth amdano/amdani. (Defnyddiwch 'chi' yn y cwestiynau). Does dim rhaid i chi ysgrifennu'r atebion.

*Ask your partner ('the Examiner') questions in Welsh to find out information about him/her. (Use **chi** in your questions). You don't need to write the answers.*

Defnyddiwch yr allweddeiriau yma yn eich cwestiynau:

Use these keywords in your questions:

e.e.   Y PENWYTHNOS DIWETHA - 'Beth wnaethoch chi'r penwythnos diwetha?'

Partner A yn holi Partner B:	Partner B yn holi Partner A:
1. gwyliau	1. byw
2. gwesty	2. yn wreiddiol
3. tywydd	3. teulu
4. gwneud	4. gwaith
5. bwyta	5. neithiwr

Darllen Arwyddion

Ble dych chi'n gweld yr arwyddion yma?
Where do you see these signs?

Rhowch lythyren yr ateb cywir yn y bocs.
Put the letter of the correct answer in the box.

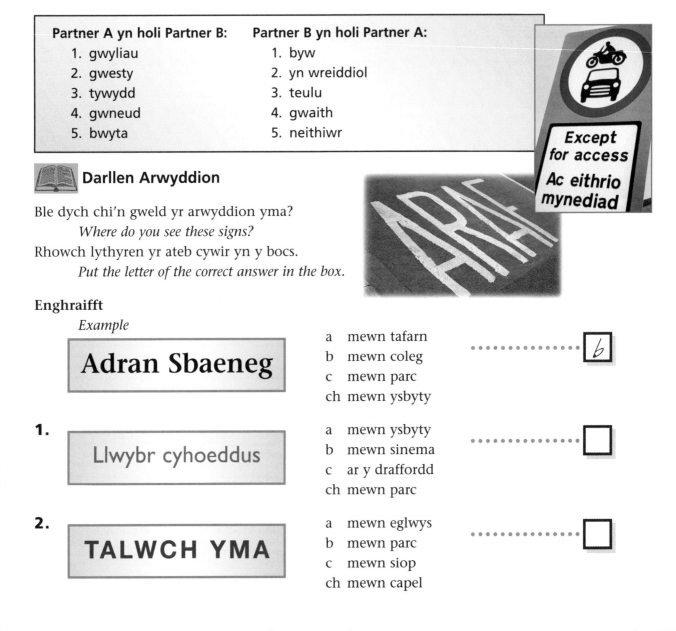

Except for access
Ac eithrio mynediad

Enghraifft
Example

Adran Sbaeneg	a mewn tafarn	.... *b*
	b mewn coleg	
	c mewn parc	
	ch mewn ysbyty	

1.

Llwybr cyhoeddus	a mewn ysbyty	.... ☐
	b mewn sinema	
	c ar y draffordd	
	ch mewn parc	

2.

TALWCH YMA	a mewn eglwys	.... ☐
	b mewn parc	
	c mewn siop	
	ch mewn capel	

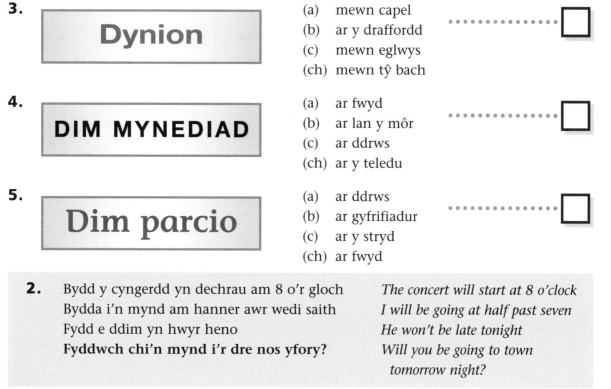

3.

Dynion

(a) mewn capel
(b) ar y draffordd
(c) mewn eglwys
(ch) mewn tŷ bach

....................☐

4.

DIM MYNEDIAD

(a) ar fwyd
(b) ar lan y môr
(c) ar ddrws
(ch) ar y teledu

....................☐

5.

Dim parcio

(a) ar ddrws
(b) ar gyfrifiadur
(c) ar y stryd
(ch) ar fwyd

....................☐

---

2. Bydd y cyngerdd yn dechrau am 8 o'r gloch
Bydda i'n mynd am hanner awr wedi saith
Fydd e ddim yn hwyr heno
Fyddwch chi'n mynd i'r dre nos yfory?

The concert will start at 8 o'clock
I will be going at half past seven
He won't be late tonight
*Will you be going to town
tomorrow night?*

 Gwrando

Dych chi'n mynd i glywed 5 hysbysiad. Rhaid i chi roi'r wybodaeth briodol yn y grid ar sail y tâp. Peidiwch ag edrych ar y grid tan i'r tiwtor roi caniatâd (ar ôl y gwrandawiad cyntaf). Yna byddwch yn eu clywed eto un ar y tro gyda 30 eiliad rhwng pob hysbysiad. Yna, byddwch yn clywed y 5 hysbysiad eto. Cewch chi 2 funud ar y diwedd i edrych dros eich atebion.

You are going to hear 5 announcements. You will have to put the appropriate information in the grid based on the tape. Don't look at the grid before the tutor gives permission (after the first hearing). Then, you will hear each one again with 30 seconds between each announcement. Then, you will hear the 5 announcements again. You will have 2 minutes at the end to check your answers.

Grid Gwrando

Beth	Ble	Nos	Amser	Pris
Cwis				
Ffair Nadolig				
Cyngerdd				
Twmpath Dawns				
Cawl a Chân				

Rhestr gyfair *Check list*

✔ **Ticiwch beth dych chi'n gallu wneud. Yn Gymraeg!**
Tick what you can do. In Welsh!

☐ Dw i'n gallu disgrifio golwg rhywun
   I can describe a person's appearance

☐ Dw i'n gallu gofyn cwestiynau am olwg rhywun
   I can ask questions about a person's appearance

☐ Dw i'n gallu disgrifio fy nghartref
   I can describe my home

☐ Dw i'n gallu gofyn cwestiynau i bobl eraill am eu cartref
   I can ask other people questions about their home

☐ Dw i'n gallu dweud beth dw i a phobl eraill yn gallu wneud
   I can say what I and other people can do

☐ Dw i'n gallu holi person arall beth mae e/hi'n gallu wneud
   I can ask someone else what he/she can do

☐ Dw i'n gallu dweud pa mor aml dw i a phobl eraill yn gwneud rhywbeth
   I can say how often I and other people do something

☐ Dw i'n gallu holi pa mor aml mae rhywun yn gwneud rhywbeth
   I can ask how often someone does something

☐ Dw i'n gallu siarad am rywbeth wnes i am gyfnod yn y gorffennol
   I can talk about something I did for a period of time in the past

☐ Dw i'n gallu gofyn cwestiynau am ddigwyddiadau yn y gorffennol
   I can ask questions about events in the past

☐ Dw i'n gallu siarad am gynlluniau yn y dyfodol
   I can talk about future plans

☐ Dw i'n gallu gofyn cwestiynau am gynlluniau pobl eraill yn y dyfodol
   I can ask questions about other people's future plans

Patrymau unedau 26-30

How many?

Mae dwy ffordd o ddweud *How many?*

> Faint + o + **plural noun**   Faint o ystafelloedd sy gyda chi?
>
> Sawl + **singular noun**   Sawl ystafell sy gyda chi?

Byth

Dych chi'n defnyddio'r **negyddol** (*negative forms*) gyda **byth**:

> **Dyw** e byth yn golchi'r llestri   *He never washes the dishes*
>
> **Dwyt** ti byth yn gyrru'r car   *You never drive the car*

Sut

Ystyr **Sut** fel arfer yw '*How?*' O flaen enw, mae'n gallu golygu '*What sort of...?*'
Os felly, mae Treiglad Meddal yn dilyn:

> **Sut** *usually means '***How?***' In front of a noun, it can mean '***What sort of...?***'*
> *If so, a* Treiglad Meddal *follows:*

> > Sut le yw Caergybi?   *What sort of place is Holyhead?*
> >
> > Sut berson yw John?   *What sort of person is John?*

Wedi a'r gorffennol – Wedi *and the past tense*

Cofiwch y gwahaniaeth rhwng brawddegau **wedi** a'r gorffennol:

> *Remember the difference between* **wedi** *sentences and the past:*

> > Mae'r plant wedi dod i'r ysgol   *The children have come to school*
> >
> > Daeth y plant i'r ysgol   *The children came to school*

> **Wedi** *sentences usually mean that someone* **has** *done something or* **has** *been somewhere or that people* **have** *been somewhere or* **have** *done something.*

Cofiwch – peidiwch defnyddio **yn** gyda **wedi**. *Remember not to use* yn *with* wedi.

Y Dyfodol

> *The Future*

Bydda i'n mynd	Fydda i ddim yn mynd	Fydda i'n mynd?	**Bydda / Na fydda**
Byddi **di**'n mynd	Fyddi **di** ddim yn mynd	Fyddi **di**'n mynd?	
Bydd e/hi'n mynd	Fydd e/hi ddim yn mynd	Fydd e/hi'n mynd?	**Bydd / Na fydd**
Byddwn ni'n mynd	Fyddwn ni ddim yn mynd	Fyddwn ni'n mynd?	
Byddwch chi'n mynd	Fyddwch chi ddim yn mynd	Fyddwch chi'n mynd?	
Byddan nhw'n mynd	Fyddan nhw ddim yn mynd	Fyddan nhw'n mynd?	

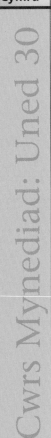

 Geirfa Graidd - unedau 26–30

ambell waith	-	*sometimes*
amlwg	-	*obvious*
ar gael	-	*available*
barf (b)	-	*beard*
bendigedig	-	*excellent, wonderful*
blynyddoedd	-	*years*
bob dydd	-	*every day*
bwyta'n dda	-	*to eat well*
byr	-	*short*
byth	-	*never*
bywyd	-	*life*
campfa (b)	-	*gym*
cegin(au) (b)	-	*kitchen(s)*
clustdlws (clustdlysau)	-	*ear-ring(s)*
cyfreithwraig (b)	-	*female solicitor*
cyfri	-	*to count*
cyrliog	-	*curly*
dwywaith y mis	-	*twice a month*
eitha da	-	*quite well*
erbyn saith o'r gloch	-	*by seven o'clock*
garej	-	*garage*
golau	-	*fair (hair)*
gwallt	-	*hair*
het(iau) (b)	-	*hat(s)*
hir	-	*long*
honna (b)	-	*that one (feminine person/thing)*
hwnna	-	*that one (masculine person/thing)*
lolfa (b)	-	*lounge*

lle parcio	-	*parking space*
llygad (llygaid)	-	*eye(s)*
moel	-	*bald*
mwstash	-	*moustache*
newid	-	*to change*
o'r blaen	-	*before/previously*
pa mor aml...?	-	*how often ...?*
pwysig	-	*important*
rhydd	-	*free*
sawl gwaith	-	*several times*
sbectol (b)	-	*glasses*
smwt	-	*snub (nose)*
tawel	-	*quiet*
trwyn(au)	-	*nose(s)*
tywyll	-	*dark*
unwaith	-	*once*
weithiau	-	*sometimes*
yn aml	-	*often*
ystafell fwyta (b)	-	*dining room*
ystafell fyw (b)	-	*living room*
ystafell wely (b)	-	*bedroom*
ystafell ymolchi (b)	-	*bathroom*

Atodiad y Gweithle - Mynediad

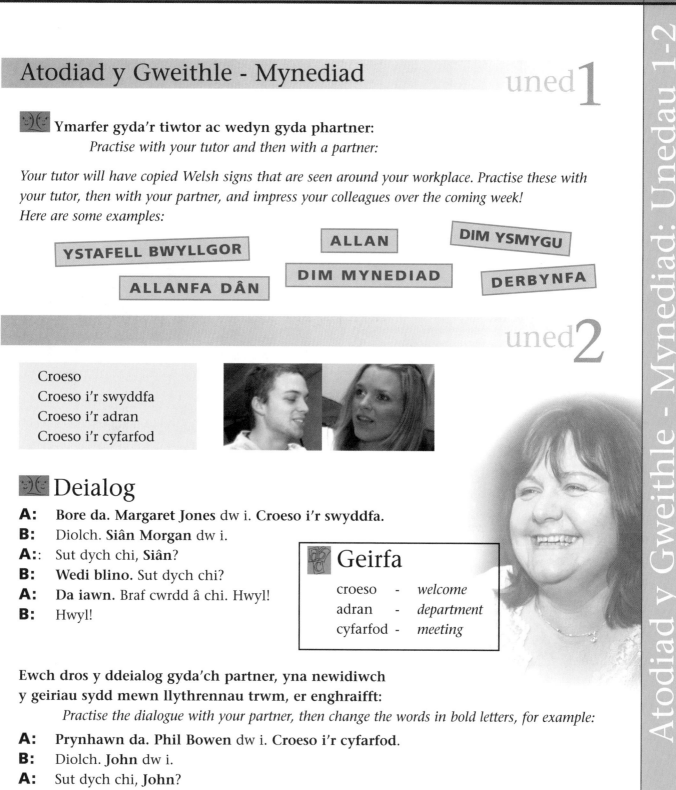

Ymarfer gyda'r tiwtor ac wedyn gyda phartner:
Practise with your tutor and then with a partner:

Your tutor will have copied Welsh signs that are seen around your workplace. Practise these with your tutor, then with your partner, and impress your colleagues over the coming week! Here are some examples:

YSTAFELL BWYLLGOR

ALLAN

DIM YSMYGU

DIM MYNEDIAD

ALLANFA DÂN

DERBYNFA

Croeso
Croeso i'r swyddfa
Croeso i'r adran
Croeso i'r cyfarfod

Deialog

A: **Bore da. Margaret Jones** dw i. **Croeso i'r swyddfa.**
B: Diolch. **Siân Morgan** dw i.
A:: Sut dych chi, **Siân**?
B: **Wedi blino.** Sut dych chi?
A: **Da iawn.** Braf cwrdd â chi. Hwyl!
B: Hwyl!

Geirfa

croeso	- *welcome*
adran	- *department*
cyfarfod	- *meeting*

**Ewch dros y ddeialog gyda'ch partner, yna newidiwch
y geiriau sydd mewn llythrennau trwm, er enghraifft:**
Practise the dialogue with your partner, then change the words in bold letters, for example:

A: **Prynhawn da. Phil Bowen** dw i. **Croeso i'r cyfarfod.**
B: Diolch. **John** dw i.
A: Sut dych chi, **John**?
B: **Gweddol.** Sut dych chi?
A: **Gweddol.** Braf cwrdd â chi. Hwyl!
B: Hwyl!

uned**3**

Beth yw'ch rhif ffôn chi?	What's your telephone number?
01239 428751	
Beth yw rhif eich estyniad chi?	What is your extension number?
320	

Beth dych chi'n wneud?	What do you do?
Swyddog Marchnata dw i	I'm a Marketing Officer
Rheolwr dw i	I'm a Manager
Swyddog Personél dw i	I'm a Personnel Officer
Croesawydd dw i	I'm a Receptionist

Ble dych chi'n gweithio?	Where do you work?
Dw i'n gweithio yn yr adran gyllid	I work in the finance department
yn yr adran farchnata	in the marketing department
yn yr adran bersonél	in the personnel department
yn swyddfa'r Prif Weithredwr	in the Chief Executive's office
yn yr adran ddamweiniau	in the accident (and emergency) department
yn yr adran oncoleg	in the oncology department
ar ward y plant	on the children's ward
mewn labordy	in a laboratory
Dw i'n gweithio i'r Rheolwr	I work for the Manager
i Mr Hughes	for Mr Hughes
i'r tîm rheoli	for the management team
i'r tîm gofal plant	for the child care team

Deialog

A: Helo, sut mae?

B: **Da iawn**, diolch.

A: Dych chi'n gweithio yn **yr adran farchnata** o hyd?

B: Nac ydw. Dw i'n gweithio yn **yr adran gyllid** nawr. Beth amdanoch chi?

A: Dw i'n gweithio **yn swyddfa'r Prif Weithredwr** o hyd, yn anffodus!

Holiadur

Holwch am enw, rhif ffôn a rhif estyniad hyd at 5 o bobl.

Ask for the name, phone number and extension number of up to 5 people.

	Enw	Rhif ffôn	Rhif estyniad
1			
2			
3			
4			
5			

 Geirfa

estyniad	-	*extension*
swyddog	-	*officer*
Swyddog Personél	-	*Personnel Officer*
Swyddog Marchnata	-	*Marketing Officer*
rheolwr	-	*manager*
yr adran gyllid	-	*finance department*
yr adran farchnata	-	*marketing department*
yr adran bersonél	-	*personnel department*
Prif Weithredwr	-	*Chief Executive*

yr adran ddamweiniau	-	*accident (and emergency) department*
yr adran oncoleg	-	*oncology department*
ward	-	*ward*
labordy	-	*laboratory*
tîm rheoli	-	*management team*
tîm gofal plant	-	*child care team*
nawr	-	*now*
o hyd	-	*still*
yn anffodus	-	*unfortunately*

uned4

Beth yw ei rif ffôn e?	*What is his telephone number?*
Beth yw ei rhif ffôn hi?	*What is her telephone number?*
01239 428751	
Beth yw rhif ei estyniad e?	*What is his extension number?*
Beth yw rhif ei hestyniad hi?	*What is her extension number?*
Estyniad 320	

Beth mae e'n wneud?	*What does he do?*
Mae e'n gweithio fel clerc	*He works as a clerk*
Mae e'n gweithio gyda chyfrifiaduron	*He works with computers*
Beth mae hi'n wneud?	*What does she do?*
Mae hi'n gweithio fel ysgrifenyddes	*She works as a secretary*
Mae hi'n gweithio gyda phobl anabl	*She works with disabled people*

Atodiad y Gweithle - Mynediad: Unedau 4-5

Trafod rhifau ffôn

**Ysgrifennwch enwau 4 person a holwch rywun arall
beth yw eu rhifau ffôn a rhifau eu hestyniadau.**

*Write the names of 4 people and ask someone else
what their phone and extension numbers are.*

Enw	Rhif ffôn	Rhif estyniad

Deialog

A: Dych chi'n nabod **Gareth Lloyd**?

B: **Gareth Lloyd**? …. **Cyfrifydd** yw e?

A: Ie.

B: Ydy e'n gweithio yn **yr adran gyllid** o hyd?

A: Nac ydy. Mae e'n gweithio **i gwmni Waterhouse** nawr.

B: Ydy e'n byw **yn Abertawe**?

A: Nac ydy. Mae e'n byw **yng Nghaerdydd**, dw i'n meddwl.
Mae e'n dod o Gaerdydd yn wreiddiol.

Geirfa

clerc - *clerk*

pobl anabl - *disabled people*

uned5

Pwy dych chi?	*Who are you?*
Ysgrifenyddes Mr Hughes dw i	*I'm Mr Hughes' secretary*
Rheolwr Tesco dw i	*I'm the manager of Tesco*
Croesawydd Ward 6 dw i	*I'm the Ward 6 receptionist*
Pwy yw hi?	*Who is she?*
Pwy yw e?	*Who is he?*
Sister y Ward yw hi	*She's the Ward Sister*
Pennaeth y tîm yw e	*He's the head of the team*
Swyddog Marchnata'r cwmni yw e	*He's the company's Marketing Officer*

Dw i'n gweithio gyda Helen	*I work with Helen*
Mae e'n gweithio gyda Dr Morris	*He works with Dr Morris*
Gyda phwy dych chi'n gweithio?	*Who do you work with?*
Gyda phwy mae e/hi'n gweithio?	*Who does he/she work with?*
Dych chi'n gweithio gyda Bethan?	*Do you work with Bethan?*
Ydy hi'n gweithio gyda chi?	*Does she work with you?*

Grid 'Pwy dych chi?'

Ysgrifennwch enw'r person dych chi'n ei holi a gofynnwch gwestiynau.

Ysgrifennwch yr atebion yn y blychau perthnasol.

> *Write the name of the person you're asking and ask who he or she is.*
> *Write the answers in the relevant boxes.*

ENW	Partner/ Cariad pwy?	Gŵr/ Gwraig pwy?	Brawd/ Chwaer pwy?	Tad/ Mam pwy?	Yn y gwaith?	Ffrind pwy?
Carol		Elfed	Simon	Donna	Rheolwr yr Adran	Siân

Sgwariau sydyn

enw?		
Sara	Meirion	Elwyn
Nesta	Ceinwen	Huw
Morys	Rholant	Betsan
Esyllt	Iwan	Llŷr

gweithio?
yn ysbyty Singleton
mewn swyddfa
yn Asda
i'r BBC
mewn llyfrgell
i'r Cynulliad

gyda phwy?
gyda Huw Jones
gyda Dr Bowen
gyda Rhian Jenkins
gyda'r tîm rheoli
ar fy mhen fy hunan

rhif ffacs / cyfeiriad e-bost?
01792 548001
eich rhif ffacs chi
....
01267 576787
eich cyfeiriad e-bost chi
....

Fy ffrind gorau

Llenwch y golofn 'Fy Ffrind Gorau 1' nawr, ac ar ddiwedd y gweithgaredd, llenwch 'Fy Ffrind Gorau 2'.

> *Complete the column 'Fy Ffrind Gorau 1' now, and at the end of the activity, fill in 'Fy Ffrind Gorau 2'*

	Fy ffrind gorau 1	Fy ffrind gorau 2
Enw?		
Gweithio? Ble?		
Gyda phwy?		
Dod?		
Byw?		

Dw i'n mynd i'r cyfarfod fory	I'm going to the meeting tomorrow
i'r cwrs fory	I'm going to the course tomorrow
i'r swyddfa fory	I'm going to the office tomorrow
i'r gynhadledd fory	I'm going to the conference tomorrow

Mae e'n mynd i'r brif swyddfa — He's going to the main office
Mae hi'n mynd i'r cwrs hyfforddi — She's going to the training course

Ble dych chi'n mynd? — *Where are you going?*
Ble mae e/hi'n mynd? — *Where is he/she going?*

Holiadur Tic a Chroes

Gofynnwch i 3 pherson 'Dych chi'n mynd i …….. fory?' Rhowch ✓ neu ✗ yn y golofn.
Ask 3 people 'Dych chi'n mynd i ……. fory?' Put ✓ or ✗ in the column.

ENW	Haydn	_____	_____	_____
swyddfa	✗			
tafarn	✓			
cwrs	✗			
cynhadledd	✓			
ffreutur	✓			
Llundain	✗			
cyfarfod	✗			

Geirfa

swyddfa	-	office
y brif swyddfa	-	head office
cyfarfod	-	meeting
pwyllgor	-	committee
cwrs	-	training
hyfforddi		course
cynhadledd	-	conference
derbynfa	-	reception
ffreutur	-	canteen
Llundain	-	London
Manceinion	-	Manchester
Brwsel	-	Brussels
Bryste	-	Bristol

Deialog

A: Ble wyt ti'n mynd **dydd Llun**?
B: **Dydd Llun?** O … dw i'n brysur **dydd Llun**.
A: Beth wyt ti'n wneud?
B: Dw i'n mynd i'r cyfarfod yn **swyddfa Huw Griffiths**. Beth amdanat ti?
A: Dw i'n mynd i **gyfarfod**.
B: Ble mae'r **cyfarfod**?
A: Yn **Llundain**, yn anffodus.
B: O, druan â ti.

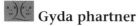 **Gyda phartner**

Ble dych chi'n mynd yr wythnos nesa? Trafodwch gyda'ch partner. Dych chi'n gallu defnyddio'r geiriau yma, neu eiriau defnyddiol i chi. Ar ôl trafod, llenwch y grid.

Where are you going next week? Discuss with your partner. You can use these words, or words that are useful to you. After discussing your plans, fill in the grid.

	Chi	Partner
Dydd Llun:		
Dydd Mawrth:		
Dydd Mercher:		
Dydd Iau:		
Dydd Gwener:		

Dywedwch wrth y dosbarth ble mae eich partner yn mynd yr wythnos nesa:

Report to the class where your partner will be next week:

e.e. Dydd Mercher mae John yn mynd i Lundain.

uned **7**

Tasg yn y gweithle: Sut mae'r tywydd heddiw?

Siaradwch am y tywydd yn Gymraeg gyda rhywun yn y gweithle bob dydd dros yr wythnos nesa. Cadwch gofnod yn y grid, dwedwch gyda phwy siaradoch chi a defnyddiwch frawddegau **llawn**.

Discuss the weather in Welsh with someone in the workplace every day over the coming week and keep a record, note to whom you spoke and use full sentences.

Dydd	Siarad â	Sut mae'r tywydd heddiw?
Dydd Sul	Bob	Mae hi'n ddiflas.
Dydd _____		
Dydd _____		
Dydd _____		
Dydd _____		
Dydd _____		

Nawr, ysgrifennwch frawddegau gan ddefnyddio **Roedd hi** ...
Now, write sentences using **Roedd hi** ...

e.e. Roedd hi'n bwrw glaw dydd Llun a dydd Iau.

1. _____

2. _____

3. _____

uned**8**

Beth dych chi'n hoffi / Beth dych chi ddim yn hoffi wneud yn y gwaith?

Dyn ni'n hoffi ...	Dyn ni ddim yn hoffi ...

Nawr, ysgrifennwch frawddegau i ddweud beth dych **chi**'n
hoffi wneud a beth dych chi ddim yn hoffi wneud yn y gwaith.
*Now, write sentences saying what **you** like and don't like doing at work.*

e.e. Dw i'n hoffi mynd i gyfarfodydd ond dw i ddim yn hoffi ffeilio.

1. _____

2. _____

3. _____

uned**9**

Gyda phartner

Gwnewch restr o'r pethau sydd gyda chi yn y gwaith. Mae rhai lluniau ar y dudalen nesaf.
Make a list of those things that you have at work.
There are some pictures that might be relevant on the next page.

e.e. 'Oes cyfrifiadur gyda ti?'
'Oes, mae cyfrifiadur gyda fi.' neu 'Nac oes, does dim cyfrifiadur gyda fi.'

cyfrifiadur amser ffôn ffacs ffôn beiro allwedd tegell desg cadair

uned 10

Holiadur

Holwch eich partner -   'Oes ...... gyda ti/chi?'
                         'Ble wyt ti'n mynd ...?' / 'Ble dych chi'n mynd ...?'
                         'Beth wyt ti'n hoffi ..?' / 'Beth dych chi'n hoffi ....?'
                         'Sut roedd y tywydd ddoe?'

Enw	Amser i siarad?	Mynd wythnos nesa?	Hoffi yn y gwaith?	Gormod o waith?	Tywydd ddoe / dydd Sul?

uned **11**

Pwy yw e? Pwy yw hi?

 **Dyma eich:** pennaeth adran (*head of department*), ysgrifennydd/ysgrifenyddes (*secretary*), bòs (*boss*), cydweithiwr (*colleague*), rheolwr (*manager*), ffrind (*friend*), cynorthwyydd (*assistant*).

Mae eich partner yn mynd i ofyn pwy yw pwy. 'Pwy yw B?' 'Fy ffrind i.'

| A | B | C | Ch | D | Dd | E |

Holiadur

Gofynnwch y cwestiynau hyn i ddau berson yn y dosbarth:
> *Ask two people in the class these questions:*

Cwestiwn	1.	2.
Pwy yw dy reolwr di?		
Beth yw rhif dy gar di?		
Beth yw dy gyfeiriad e-bost di?		
Beth yw enw dy bennaeth adran di?		
Ble mae dy ffrind di yn y gwaith yn byw?		
Beth oedd enw dy hen fòs di? (*former boss*)		
Beth yw enw eich ysgrifenyddes chi?		

Tasg yn y gweithle

Yn ystod yr wythnos, gofynnwch i bedwar person sy'n siarad Cymraeg:
> *During the week, ask four people who speak Welsh:*

'Beth yw dy gyfeiriad e-bost di?'   neu   'Beth yw eich cyfeiriad e-bost chi?'

a

'Pwy yw dy reolwr di yn y gwaith?'   neu   'Pwy yw eich rheolwr chi?'

Ysgrifennwch frawddegau fel hyn:
> *Write sentences like this:*

Carol dw i. Dw i'n gweithio i'r Adran Bersonél. Karen yw enw fy mhennaeth i, ac Alison yw enw fy ysgrifenyddes i. Rhian yw enw fy ffrind gorau yn y gwaith.

uned 12

🙂🙂 Gyda phartner

Trafodwch rywun dych chi'n gweithio gyda fe/hi **neu** gleient/cwsmer a rhannwch wybodaeth amdano fe/amdani hi. Mae bylchau i chi ychwanegu categorïau eraill.

> *Discuss someone you work with **or** a client/customer and share information about him/her. There are spaces for you to add other categories.*

e.e. 'Beth yw ei enw e/ei henw hi?'

enw	
cyfeiriad	
oedran	
gwaith	
_____	
_____	
_____	

Cyflwyno partner

Darllenwch waith ysgrifennu Uned 11 eich partner, a chyflwynwch y partner i'r dosbarth. Gallwch wneud nodiadau'n gyntaf.

> *Read your partner's written work in Unit 11, and present your partner to the class. You can make notes first.*

_____

_____

_____

_____

_____

_____

uned 13

🙂🙂 Gyda phartner

Trafodwch am faint o'r gloch mae pethau'n digwydd yn y gwaith. Dyma rai penawdau, ond gallwch chi ychwanegu neu newid fel sy'n berthnasol:

> *Discuss at what time things happen at work. Here are some headings, but you may add or change as is applicable:*

bòs yn cyrraedd	
staff yn cyrraedd	
swyddfa'n agor	
amser coffi	
amser cinio	

drosodd

amser cinio	
amser te	
y post yn mynd	
y staff yn gadael	
_____	
_____	
_____	
_____	

Gyda phartner

Holi ac ateb / *Question and answer*

e.e.   'Pryd dych chi ar agor dydd Iau?'
'Yn y bore o hanner awr wedi wyth tan
hanner awr wedi deuddeg; yn y prynhawn
o chwarter wedi un tan chwech'.

'Dych chi'n agor yn hwyr dydd Llun?'
'Nac ydyn.'

Oriau agor

Ar agor	AM	PM
Dydd Llun	9.30 - 1	2 - 5
Dydd Mawrth	9.00 - 12.30	1.30 - 5.30
Dydd Mercher	8 - 1	2 - 7
Dydd Iau	8.30 - 12.30	1.15 - 6
Dydd Gwener	9 - 1.15	2.15 - 8

Gyda phartner

Dyma rai cwestiynau posibl gan aelodau o'r cyhoedd.
Rhowch yr atebion sy'n wir am eich gweithle chi.

*Here are some questions that members of the public
might ask you. Give the answers that apply to your workplace.*

Geirfa

tan	-	*until*

1. Am faint o'r gloch dych chi'n agor?

_____

2. Am faint o'r gloch dych chi'n cau?

_____

3. Dych chi'n cau amser cinio? Pryd?

_____

4. Pryd dych chi'n gweithio?

_____

5. Pryd dych chi'n gweithio'n hwyr?

_____

uned 14

 Gyda phartner

Ysgrifennwch ble aethoch chi bob dydd yn y gwaith
wythnos diwetha, a holwch eich partner ble aeth e/hi.

Write where you went at work each day last week, and ask your partner where he/she went.

Chi		Eich partner	
Dydd Llun		Dydd Llun	
Dydd Mawrth		Dydd Mawrth	
Dydd Mercher		Dydd Mercher	
Dydd Iau		Dydd Iau	
Dydd Gwener		Dydd Gwener	

Geirfa

i gyfarfod	–	*to a meeting*
i weld y pennaeth	–	*to see the boss*
i'r ystafell bwyllgora	–	*to the committee room*
i'r ystafell argraffu	–	*to the print room*
i ystafell y post	–	*to the mail room*
i'r ffreutur	–	*to the canteen*
i ward y plant	–	*to the children's ward*
i'r theatr	–	*to the theatre*

**Ychwanegwch eirfa
sy'n berthnasol i chi:**

Add vocabulary that's relevant to you:

_____

_____

_____

uned 15

Trafod lluniau

Mewn grwpiau o 3, trafodwch eich ffotograffau
o'r bobl yn y gwaith ac atebwch gwestiynau.

*In groups of 3, discuss the photographs of people
at work and answer questions about who's who.*

'Pwy yw e/hi?'
'Beth yw ei waith e/ei gwaith hi?'
'Beth yw mêc ei gar e/ei char hi?' etc.

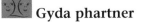 **Gyda phartner**

Gofynnwch y cwestiynau hyn i'ch partner: / *Ask your partner these questions:*

1. Sut daethoch chi i'r gwaith heddiw?
2. Am faint o'r gloch daethoch chi i'r gwaith?
3. I ble aethoch chi yn y gwaith yr wythnos diwetha? (3 lle/*3 places*)
4. Am faint o'r gloch gaethoch chi ginio ddoe?
5. Beth gaethoch chi i ginio ddoe?
6. Pryd aethoch chi adre?

uned **16**

Ffoniais i	gleient	Cyrhaeddais i	am chwarter i naw
Gwelais i		Dechreuais i	am naw o'r gloch
Ysgrifennais i	adroddiad	Gorffennais i	am hanner awr wedi pump
Darllenais i			
Gweithiais i	ar y cyfrifiadur		
Siaradais i	â'r pennaeth		
Trefnais i	gyfarfod		
Paratoais i'r	papurau		

Beth wnaethoch chi ddoe?
Beth wnest ti ddoe?

Problem yn y gwaith

Mae problem wedi codi ac mae rhywun yn cwyno. Cysylltwch eich cwestiwn chi yng ngholofn A ag ateb y cwsmer/cleient yng ngholofn B.
A problem has arisen and someone is complaining. Connect your question in column A with the customer/client's answer in column B.

A	B
1. Pryd ffonioch chi?	a. Anfonais i lythyr wythnos diwetha.
2. Gyda phwy siaradoch chi?	b. Naddo, ges i ddim help.
3. Pryd anfonoch chi lythyr?	c. Ffoniodd Bethan Puw nôl.
4. Pwy ffoniodd nôl?	ch. Do, es i gwyno wrth y rheolwr.
5. Gaethoch chi help?	d. Bwciais i mis diwetha.
6. Aethoch chi i gwyno?	dd. Ffoniais i wythnos diwetha.
7. Pryd bwcioch chi?	e. Naddo, ges i ddim llythyr.
8. Gaethoch chi lythyr?	f. Siaradais i â Darryl Jones.

Fel dosbarth

Ysgrifennwch y wybodaeth gaethoch chi am eich partner yn Uned 15 (Atodiad i'r Gweithle)
wrth rif 1. yn y grid. Yna, ewch i gyfnewid gwybodaeth â phobl eraill yn y dosbarth.

Write the information that you gathered about your partner in Uned 15
(Atodiad i'r Gweithle) next to no 1. in the grid. Then, exchange information
with others in class to complete the grid.

Enw	Dod i'r gwaith - Sut?	Cyrraedd y gwaith?	Gwneud yn y gwaith?	Beth i ginio?	Mynd adre?
1.					
2.					
3.					
4.					
5.					

uned 17

Stori Ddoe

Gyda phartner

Dewiswch 5-6 llun a dwedwch beth wnaethoch chi ddoe, bob yn ail â'ch partner:

Choose 5-6 pictures and say what you did yesterday, working alternately with your partner:

Partner A: Codais i'n hwyr.
Partner B: Ar ôl i fi godi, ges i gawod.
Partner A: Ar ôl i fi gael cawod, …

Gweithiwch tuag yn ôl a defnyddio **cyn i fi …**

Work backwards using **cyn i fi …**

Bydd eich tiwtor eisiau gwybod beth wnaethoch **chi a'ch partner**, felly paratowch:

ar ôl i ni… a cyn i ni …

*Your tutor will want to know what **you and your partner did** as well.*

Trafod eich gyrfa

Gyda phartner

Siaradwch am eich gyrfa (*career*) hyd yma. Dyma rai brawddegau i'ch helpu.

Talk about your career to date. Keep it simple – here are some sentences to help you.

Dechreuais i weithio yn/i/mewn _____.

Ar ôl i fi weithio fel _____ yn/i/mewn _____, symudais i i _____.

Cyn i fi symud i _____, ges i ddyrchafiad (*promotion*).

Ar ôl i fi golli/adael fy ngwaith i/yn/mewn _____, ges i swydd yn _____.

Byddwch yn barod i ddweud wrth eich tiwtor am yrfa (*career*) eich partner,
gan ddefnyddio **Ar ôl/Cyn iddo fe/iddi hi**.

uned 18

Gyda phartner

Trafodwch beth mae'n rhaid i chi ei wneud dros yr wythnos sydd i ddod.

Discuss what you have to do over the coming week.

'Oes rhaid i chi/ti ....?'
'Oes, mae'n rhaid i fi ... / Nac oes, does dim rhaid i fi ...'

Rhaid i fi	roi cyflwyniad – *give a presentation*
I must/have to	annerch cyfarfod – *address a meeting*
	ffacsio dogfen – *fax a document*
	baratoi cyfrifon – *prepare accounts*
	astudio papurau – *study papers*
	fynd â chleient i ginio – *take a client to lunch*
	fynd i Gaerdydd – *go to Cardiff*

Cyngor i aelod newydd o staff

Advice for a new member of staff

Trafodwch mewn parau/grwpiau o dri pa gyngor byddech chi'n roi i aelod
newydd o staff (sy'n gwneud gwaith fel chi). Mae rhai syniadau yn y blychau.

*Discuss in pairs/groups of three what advice you would give a new member
of staff (doing work similar to yours). There are some ideas in the boxes.*

Cofiwch ddefnyddio: / *Remember to use:*
Rhaid i chi ... / Rhaid i chi beidio.../ Does dim rhaid i chi...

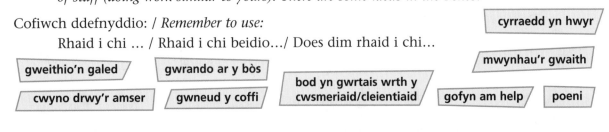

cyrraedd yn hwyr

mwynhau'r gwaith

gweithio'n galed   gwrando ar y bòs

cwyno drwy'r amser   gwneud y coffi   bod yn gwrtais wrth y cwsmeriaid/cleientiaid   gofyn am help   poeni

Gyda phartner

Paratowch gyfarwyddiadau **syml** i
ymwelydd â'ch gweithle fel ei fod/bod
yn gallu symud o un lle i le arall - e.e.
o'r dderbynfa i'r lle dych chi'n gweithio.

> *Prepare **simple** instructions for a visitor*
> *to your workplace so that he or she can*
> *move from one place to another - e.g.*
> *from reception to where you work.*

Dyma eirfa ychwanegol i'ch helpu:
Here is some extra vocabulary to help you:

lan y grisiau	-	*up the stairs*
lawr y coridor	-	*down the corridor*
yn y lifft	-	*in the lift*
i'r llawr cyntaf	-	*to the 1st floor*
i'r ail lawr	-	*to the 2nd floor*
i'r trydydd llawr	-	*to the 3rd floor*
ar y llawr cyntaf	-	*on the 1st floor*
ar yr ail lawr	-	*on the 2nd floor*
ar y trydydd llawr	-	*on the 3rd floor*

Gyda phartner

Rhowch orchmynion i'ch gilydd - defnyddiwch ffurfiau 'chi' yn
gyntaf, ac yna ffurfiau 'ti'. Does dim rhaid i chi gytuno bob tro!

> *Give each other commands - use 'chi' forms first, then 'ti' forms.*
> *You don't have to be willing every time!*

'Ysgrifennwch y llythyr' - 'O'r gorau. / Popeth yn iawn.'
'Ysgrifenna'r llythyr' - 'Na. Gwna di fe.'
'Paid / Peidiwch ysgrifennu'r llythyr.'

poeni	ysgrifennu'r llythyr	dod i'r cyfarfod
ffacsio	ffonio	postio
mynd i'r banc	teipio'r llythyr	gwneud y te/y coffi

😊😊 **Gyda phartner**

Meddyliwch am gleient neu gwsmer. Trafodwch gyda phartner beth wnaeth e/hi ddoe.
Gwnewch restr o'r berfau - e.e. Daeth e/hi; Gwelodd e/hi; Gaeth e/hi ....
Yna, dwedwch beth wnaeth e/hi mewn trefn - Ar ôl iddo fe/iddi hi ddod i mewn, aeth e/hi ...
Bydd eich tiwtor eisiau clywed yr hanes.

> *Think of a client or customer. Discuss with a partner what he/she did yesterday.*
> *Make a list of the verbs - e.e.* Daeth e/hi; Gwelodd e/hi; Gaeth e/hi ....
> *Then, say what he/she did in order -* Ar ôl iddo fe/iddi hi ddod i mewn, aeth e/hi ...
> *Your tutor will want to hear what happened.*

Gyda'r tiwtor a gyda phartner

Oes rhaid i chi roi gorchmynion neu gyfarwyddiadau i gleient neu gwsmer? Trafodwch gyda'r
tiwtor beth hoffech chi ei ddweud yn Gymraeg ac yna, beth am ymarfer gyda'ch partner?

> *Do you have to give commands or instructions to a client or customer? Discuss with your*
> *tutor what you would like to say in Welsh and then practise with your partner.*

e.e.   Arwyddwch yma (*Sign here*)   Rhaid i chi ...
        Rhaid i chi beidio ....   Peidiwch ...
        Does dim rhaid i chi ...

😊😊 **Gyda phartner**

Llenwch y golofn **Tasgau** isod drwy nodi 4 tasg dych chi'n gwneud yn y gwaith.
Trafodwch beth dych chi'n feddwl o'r tasgau fel pâr, yna ewch i siarad â phâr arall.

> *Fill the first column with 4 different tasks that you do at work. Discuss what*
> *you think of the tasks as a pair, then exchange thoughts with another pair.*

e.e.   'Beth wyt ti'n feddwl o ffeilio?'
        'Mae e'n ddiflas.'

Tasgau	Beth wyt ti'n feddwl o ...?
1.	
2.	
3.	
4.	

Disgrifio pobl

Gyda phartner

Meddyliwch am rywun mae eich partner hefyd yn ei adnabod yn y gwaith. Disgrifiwch
y person i'ch partner heb enwi'r person. Rhaid i'r partner ddyfalu pwy yw e/hi.

*Think of someone your partner also knows at work. Describe the person to your
partner without naming him/her. Your partner must guess who he/she is.*

'Pwy yw e/hi? - Mae e'n dal ac yn olygus.'
'Y bòs yw e!'
'Cywir.'

uned **22**

Gyda phartner

'Ga' i _____, plîs?'
'Ga' i fenthyg _____, plîs?'
'Ga' i ddefnyddio _____, plîs?'

cyfrifiannell

clipiau papur

ffôn

beiro

cymryd neges

cyfrifiadur

cadair

pensil

peiriant llungopïo

🙂🙂 Gyda phartner

Dych chi eisiau…..?

Dewiswch y frawddeg o'r blwch sy'n cyfateb i'r llun.

Choose the correct sentence from the box that corresponds to the picture.

Dych chi eisiau gwneud apwyntiad?　　　Dych chi eisiau siarad â'r rheolwr?

Dych chi eisiau gadael neges?　　　Dych chi eisiau aros?

Dych chi eisiau bisged?　　　Dych chi eisiau paned o de / o goffi?

Dych chi eisiau eistedd?　　　Dych chi eisiau arwyddo?

Fel dosbarth

Meddyliwch am gwestiynau 'Dych chi eisiau …?' i'w gofyn i gydweithwyr, cleientiaid neu gwsmeriaid.

Think of 'Dych chi eisiau …? *questions to ask colleagues, clients or customers.*

uned 23

🙂🙂 Gyda phartner

Edrychwch ar y 6 siec yma. Dyn nhw i gyd yn gywir?

Look at these 6 cheques. Are they all correct?

Banc y Ceffyl Gwyn

3 Medi 2006

TALER
Pay　Eifion Prydderch
Pedwar deg punt yn unig

£ 40-00

John Jones

Banc y Ceffyl Gwyn

8 Rhagfyr 2005

TALER
Pay　Sali Morgan
　　un deg pedwar o bunnau
　　pum deg ceiniog yn unig

£ 41-50

Amy Prys

Banc y Ceffyl Gwyn

30 Awst 2001s

TALER
Pay　Pedr Morris
　　un dea naw o bunnau naw deg

£ 19-95

Xwx Arthur

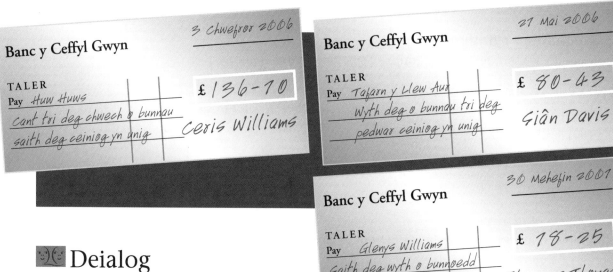

Banc y Ceffyl Gwyn   *3 Chwefror 2006*

TALER
Pay *Huw Huws*   £ *136-70*
cant tri deg chwech o bunnau
saith deg ceiniog yn unig   *Ceris Williams*

Banc y Ceffyl Gwyn   *27 Mai 2006*

TALER
Pay *Tafarn y Llew Aur*   £ *80-43*
wyth deg o bunnau tri deg
pedwar ceiniog yn unig   *Siân Davis*

Banc y Ceffyl Gwyn   *30 Mehefin 2007*

TALER
Pay *Glenys Williams*   £ *78-25*
saith deg wyth o bunnoedd
dau ddeg pump ceiniog yn unig   *Florence Thomas*

😃 Deialog

**Gyda phartner, newidiwch y ddeialog
i fod yn addas i'ch gweithle chi.**

*With a partner, change the
dialogue to suit your workplace.*

A: Faint yw **ystafell ddwbl am noson**?
B: Tri deg o bunnau'r person.
A: Ydy hynny'n cynnwys brecwast?
B: Ydy.
A: Ga' i ddefnyddio cerdyn credyd i dalu?
B: Wrth gwrs.

😃 Geirfa

cerdyn credyd	-	*credit card*
talu	-	*to pay*
T.A.W.	-	*V.A.T.*
ystafell sengl (b)	-	*single room*
ystafell ddwbl (b)	-	*double room*

uned **24**

😃 Gyda phartner

**Darllenwch y ddeialog fel mae hi, yna newidiwch hi
sawl gwaith, gan newid enwau'r bobl a'r salwch.**

*Read the dialogue as it is, then change it several times,
changing the names of the people and the illness.*

Gweithiwr: Bore da. **Gwasanaethau Menter.**
Rheolwr: Bore da. **Kathleen Davies, y rheolwr** sy'n siarad.
Gweithiwr: Bore da, **Mrs Davies.**
Rheolwr: Ga' i siarad â **Nic Jones**, os gwelwch chi'n dda?
Gweithiwr: O, mae'n flin gyda fi, ond dyw **Nic** ddim yn y swyddfa heddiw.
Rheolwr: Ble mae **e**? Ydy **e'n** dost?
Gweithiwr: Ydy, mae **peswch arno fe**. Dych chi eisiau gadael neges?
Rheolwr: Nac ydw, dim diolch.

Strategaethau cyfathrebu

Rhai ymadroddion defnyddiol eraill: / *Some further useful phrases:*

Dw i ddim yn siarad Cymraeg yn rhugl	-	*I don't speak Welsh fluently*
Dych chi eisiau siarad â siaradwr Cymraeg?	-	*Do you want to speak to a Welsh speaker?*
Mae rhywun yma sy'n siarad Cymraeg	-	*There's someone here who speaks Welsh*

uned 25

😊😐 Gyda phartner

Meddyliwch am gwestiynau sy'n dechrau gyda'r canlynol i'w gofyn

  i. i gydweithiwr
  ii. i gleient/cwsmer

Think of questions beginning with the following to ask
  i. *a colleague*
  ii. *a client/customer*

Faint ...?
  i. _____
  ii. _____

Oes ...? (cwestiwn am iechyd - *a question about health*)
  i. _____
  ii. _____

Dych chi eisiau ...?
  i. _____
  ii. _____

Ga' i ...?
  i. _____
  ii. _____

Disgrifio

Mewn grwpiau o 3

Bydd eich tiwtor yn rhoi 12 cerdyn gwag i bob grŵp o dri.

Yn eich grŵp, meddyliwch am 3 ystafell/swyddfa/rhan o'ch gweithle a 3 pherson sy'n gweithio gyda chi. Defnyddiwch 6 cherdyn i ysgrifennu'r enwau hyn arnyn nhw, un enw ar bob cerdyn. Meddyliwch am un frawddeg wahanol yr un i ddisgrifio pob lle (3) a phob person (3) ac ysgrifennwch nhw ar y 6 cherdyn sydd ar ôl.

Nawr, cymysgwch y cardiau a'u rhoi i grŵp arall.

Bydd yn rhaid iddyn nhw weld pa ddisgrifiad sy'n perthyn i bob lle/person.

> *Your tutor will give each group of three people 12 blank cards.*
>
> *In your group, think of 3 rooms/offices/parts of your place of work and 3 people who work with you. Write one name each on 6 of the cards. Think of one sentence (a different one each time) to describe each place (3) and every person (3) and write one of these sentences on each of the 6 remaining cards. Now, shuffle the cards and give them to another group. They will have to sort out which description is linked to each place/person.*

Strategaethau cyfathrebu

Gyda phartner

1. Mae cleient/cwsmer yn siarad yn gyflym iawn. Beth dych chi'n ddweud?

> *A client/customer is speaking very quickly. What do you say?*

_____

2. Dych chi ddim yn deall beth mae cleient yn ei ddweud. Beth dych chi'n ddweud?

> *You can't understand what a client is saying. What do you say?*

_____

3. Dych chi eisiau gwybod beth yw gair yn Gymraeg. Beth dych chi'n ddweud?

> *You want to know what a word is in Welsh. What do you say?*

_____

4. Dych chi ddim yn gallu delio â chwsmer yn Gymraeg, ond mae rhywun arall sy'n gallu. Beth dych chi'n ddweud? (2 bosibilrwydd)

> *You can't deal with a customer in Welsh, but there is someone else working with you who could. What do you say? (2 possibilities)*

_____

5. Dych chi ddim yn gwybod sut i ddweud rhywbeth yn Gymraeg. Beth dych chi'n ddweud?

> *You don't know how to say something in Welsh. What do you say?*

_____

_____

_____

uned 26

Disgrifio golwg rhywun

Gyda phartner

Disgrifiwch: *i.* eich bòs

ii. un o'ch cydweithwyr

Describe your boss and one of your workmates in Welsh.

Disgrifio'r gweithle

Gyda'ch tiwtor

Trafodwch pa ystafelloedd sydd yn eich gweithle:

derbynfa

ystafell bwyllgor

ystafell lungopïo **ffreutur** **swyddfa** **ystafell staff** **toiledau**

uned 27

Gyda phartner

Meddyliwch am y sgiliau sy gyda chi yn y gweithle. Trafodwch â phartner beth dych chi'n gallu wneud. Bydd y tiwtor yn eich holi chi mewn 'cyfweliad' wedyn!

Think about your workplace skills. Discuss with your partner what your skills are. Your tutor will question you in an 'interview' afterwards!

'Beth dych chi'n gallu wneud?'

'Dw i'n gallu teipio a dw i'n gallu siarad â phobl.'

'Dych chi'n gallu defnyddio cyfrifiadur?'

'Ydw/Nac ydw.'

Holiadur

Meddyliwch am lefydd dych chi wedi bod ynddyn nhw yn y gwaith a gyda'ch gwaith. Gallent fod yn llefydd y tu allan i'r swyddfa/gwaith neu'n llefydd gwahanol yn y swyddfa/gwaith.

> *Think of places you have been to at work or with your work. They could be places outside your office/work or different places within your place of work.*

Atebwch y cwestiynau a llenwch y grid – rhif 1

> *Answer the questions and fill in the grid – answer number 1:*

Ble dych chi wedi bod yn y swyddfa heddiw?

> (e.e. Dw i wedi bod yn y ffreutur, yn yr ystafell bwyllgor, yn y dderbynfa)

Ble wyt wedi bod y tu allan i'r swyddfa yr wythnos yma?

> (e.e. Dw i wedi bod mewn cyfarfod/i Abertawe/yn Llundain/i weld cleient)

Yna gofynnwch i 4 person arall./*Then ask four other persons.*

Enw	yn y swyddfa?	y tu allan i'r swyddfa?
1.		
2.		
3.		
4.		
5.		

Siarad â chleientiaid/cwsmeriaid

Gyda'ch tiwtor, meddyliwch am gwestiynau y gallech chi eu gofyn i gleientiaid/cwsmeriaid gyda'r patrwm hwn:

> *With your tutor, think of questions that you could ask clients/customers following this pattern:*

>> Dych chi wedi bod ....?
>> Ble dych chi wedi bod ....?

Neges ffôn

Atebwch y cwestiynau ar ôl i'r tiwtor ddarllen y neges.

> *Answer the questions after your tutor has read the message.*

Pwy sy'n siarad? _____

Ble mae e wedi bod? _____

Faint o'r gloch yw hi nawr? _____

Ble mae e'n mynd y pnawn yma? _____

uned29

Gyda phartner

Gofynnwch gwestiynau yn y dyfodol i'ch gilydd.

Atebwch - Bydda/Na fydda, a rhoi brawddeg lawn.

> *Ask each other questions in the future tense.*
> *Answer -* Bydda/Na fydda, *and give a full sentence.*

Dyma rai enghreifftiau/*Here are some examples:*

Fyddwch chi/Fyddi di yn y cyfarfod wythnos nesa?

Fyddwch chi/Fyddi di yn y gwaith dydd _____ nesa?

Fyddwch chi'n/Fyddi di'n mynd i _____ wythnos nesa?

Fyddwch chi'n/Fyddi di'n siarad â _____ yfory?

Fyddwch chi'n/Fyddi di'n cwrdd â _____ heddiw?

Fyddwch chi'n/Fyddi di'n trafod _____ heddiw?

Fyddwch chi'n/Fyddi di'n dod i barti'r staff?

Dyddiadur y bòs

Dyma ddyddiadur eich bòs chi./*This is the diary of your boss.*

Ysgrifennwch enw eich bòs:

_____

Bore dydd Llun	Prynhawn dydd Llun
Bore dydd Mawrth	Prynhawn dydd Mawrth
Bore dydd Mercher	Prynhawn dydd Mercher
Bore dydd Iau	Prynhawn dydd Iau
Bore dydd Gwener	Prynhawn dydd Gwener

Llenwch ddyddiadur eich bòs. Bydd e/hi yn y swyddfa ambell waith, ma's o'r swyddfa ambell waith a weithiau, fydd e/hi ddim yn gwneud dim byd.

> *Fill in his/her diary. He/she will be in the office sometimes, out of the office at other times, and sometimes he/she will not be doing anything.*

Yn y swyddfa *(dewiswch 4)*	Ma's o'r swyddfa *(dewiswch 3)*	Dim byd *(x 3)*
mewn cyfarfod staff	yn Llundain	
yn gweithio ar brosiect	ar gwrs	
yn gweld cwsmer	yn chwarae golff	
yn ysgrifennu adroddiad	mewn cinio pwysig	
wrth y cyfrifiadur		

Gofynnwch gwestiynau i ysgrifenyddion eraill er mwyn trefnu cyfarfod.

> *Ask other secretaries questions so that you can arrange a meeting.*

> Fydd Mrs Jones yn rhydd prynhawn dydd Gwener?
> Pryd mae Mrs Jones wrth y cyfrifiadur/yn gweld cwsmer?
> Beth fydd Mrs Jones yn wneud bore dydd Mawrth?

uned 30

Celwydd!

Gyda'ch tiwtor

Dych chi'n mynd i roi cyfweliad i benodi cydweithiwr
(neu gyfweliad i gwsmer neu gleient os yw hynny'n berthnasol i'ch gweithle chi.)

> *You are going to conduct an interview to appoint a colleague (or interview a customer or client if that's applicable to your place of work).*

Penderfynwch fel dosbarth pa gwestiynau dych chi'n mynd i'w gofyn (tua 6).

> *Decide as a class which questions you are going to ask (about 6).*

Yna, byddwch chi'n rhannu'n grwpiau o 4/5 ac yn cyfweld ag un person o'r grŵp ar y tro.

> *Then, you will split up into groups of 4/5 and interview one person from the group at a time.*

Pan fyddwch chi'n cael eich cyfweld, rhaid i chi ddweud celwydd wrth ateb un cwestiwn.
Yna, bydd yn rhaid i weddill y panel benderfynu beth oedd y celwydd.

> *When you are interviewed, you must lie when you answer one question.*
> *Then, the rest of the panel have to decide which answer was the lie.*

Cwestiynau'r cyhoedd

Gyda'r tiwtor, byddwch chi'n adolygu'r cwestiynau y mae cleientiaid/cwsmeriaid yn eu gofyn i chi yn y gwaith, ac yna byddwch chi'n paratoi atebion i'r rhain gyda'ch partner.

> *With your tutor, you will revise the questions that clients/customers ask you at work and prepare answers with your partner.*

Atodiad i Rieni

Gartre gyda'r plant – Nodyn i'r rhieni *At home with the children – A note for parents*

Here are a few ideas to help you and your pre-school or reception class children learn some Welsh together.

- Make it fun. Children learn by doing the things they enjoy. That means your child can learn Welsh by hearing and seeing the language as he or she takes part in enjoyable activities.

- Make it a part of your routine. Try to do some Welsh every day.

- Make sure you enjoy it too. Children are very good at sensing your mood. If you're having a bad day, it makes sense to wait for a calmer moment before tackling a new game or activity. Also, if your child is not well, tired or just not co-operating, wait for a better time.

- Be prepared to repeat the games and activities. Repetition is essential for language learning. Also, children enjoy repetition and it helps them gain confidence. As you work through the course, introducing new games, remember also to re-use activities from previous weeks.

- Be patient. Your child may respond to the games and activities in English, not say anything at all, or use the objects or pictures to play a completely different game. Don't worry. If your child responds in English, repeat his/her answers in Welsh. If he/she responds by taking part in the game but does not say anything, say the answers for him/her in Welsh. If a completely new game develops, stick with it, saying as much as you can in Welsh. **As long as your child is hearing and seeing Welsh while having a good time and enjoying your company, he/she will be learning.**

- Be confident. After all, if your child can speak English, you have already helped him/her to learn one language.

Please note

The games and activities are numbered and the numbers refer to the associated units in the main part of the course book. e.g. 3.1 is the first activity related to Unit 3.

Atodiad i Rieni - Mynediad

uned 1

1. 1 Geiriau hir – ble i roi'r acen

Ymarfer gyda'r tiwtor ac wedyn gyda'ch partner. Taflwch ddis, glanio ar un o'r geiriau a dweud y gair. Bob tro dych chi'n dweud gair, ticiwch y gair. Ailadroddwch nes bod tic ar bwys pob gair.

> *Practise with the tutor and then with your partner. Throw a dice, land on one of the words and say the word. Every time you say a word, tick the word. Repeat until there is a tick beside each word.*

Dechrau *Start* →

archfarchnad	anifeiliaid	adnoddau	→ canolfan
meithrinfa ←	rhieni	gwasanaeth ←	dosbarthiadau
ymarferion →	taflenni	meddygfa	→ pigiadau
eisteddfod	geiriadur	dyddiadur ←	amserlen

Ewch o gwmpas eto. / *Go round again.*

Gartre gyda'r plant

Chwaraewch yr un gêm gyda'r plant ar y grid sy'n dilyn. Y plant sy'n taflu'r dis. Os dyw'r plant ddim yn gallu darllen, chi sy'n dweud y geiriau. Ar ôl i chi chwarae nifer o weithiau, bydd y plant yn dechrau cofio enwau'r anifeiliaid. Peidiwch â phoeni os bydd y plant yn dweud enwau Saesneg yr anifeiliaid. Dwedwch chi'r enwau Cymraeg ar eu hôl nhw. Er mwyn defnyddio'r grid nifer o weithiau, rhowch gownteri neu ddarnau bach o bapur ar y geiriau yn lle ticiau.

> *Play the same game with the children on the grid that follows. The children throw the dice. If the children are not able to read, you say the words. After you have played a number of times, the children will start to remember the names of the animals. Don't worry if the children say the English names of the animals. You say the Welsh names after them. In order to use the grid a number of times, put counters or small pieces of paper on the words instead of ticks.*

Dechrau *Start* →

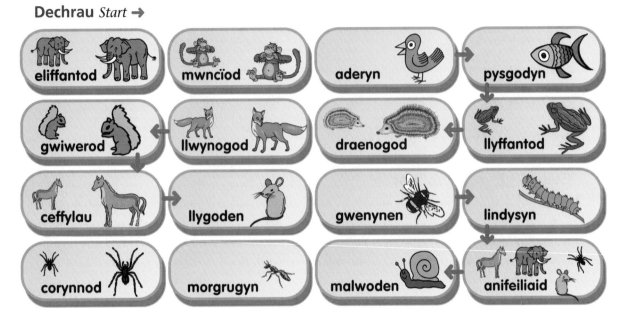

Ewch o gwmpas eto. / *Go round again.*

1.2 Bingo enwau

Mair	Gruff	Osian	Rhiannon
Meirion	Angharad	Siwan	Einir
Sioned	Rhun	Emyr	Iestyn

Dewiswch bump o'r enwau. Ysgrifennwch yr enwau yn y grid isod. Bydd y tiwtor yn galw'r enwau. Ticiwch yr enwau ar eich grid pan dych chi'n eu clywed. Os dych chi wedi ticio'r pump i gyd, dwedwch **BINGO!**

> *Choose five of the names. Write the names in the grid below. The tutor will call the names. Tick the names on your grid when you hear them. If you have ticked all five, say **BINGO!***

Unwaith eto: / *Once again:*

Ac eto: / *And again:*

 **Gartre gyda'r plant**

Pan fydd plant yn dysgu darllen, efallai y byddan nhw'n dod â geiriau i'w dysgu adre o'r ysgol. Gallwch ymarfer y geiriau trwy chwarae bingo. Os oes deg gair i'w dysgu, ysgrifennwch bump ohonyn nhw ar ddarn o bapur (cofiwch ddefnyddio llythrennau bach nid priflythrennau). Darllenwch y deg gair yn araf gan ofyn i'r plentyn roi cownter neu ddarn bach o bapur ar y geiriau sy ar y papur pan fydd e/hi'n eu clywed.

> *When children are learning to read, they are likely to come home from school with words to learn. You can practise the words by playing bingo. If there are ten words to learn, write five on a piece of paper (remember to use small letters not capitals). Read the ten words slowly, asking the child to put a counter or small piece of paper on the words you wrote as he/she hears them.*

1.3 Rhestr siopa

Pa rai o'r rhain byddwch chi'n prynu ar eich taith siopa nesa? Dwedwch wrth eich partner yn Gymraeg. Newidiwch bartner nifer o weithiau.

> *Which of these will you be buying on your next shopping trip? Tell your partner in Welsh. Change partners a number of times.*

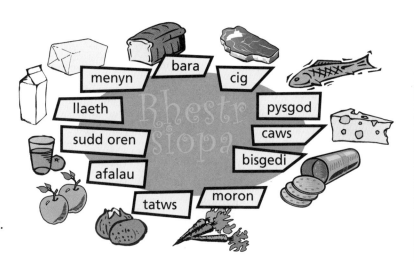

 **Gartre gyda'r plant**

- Ysgrifennwch eich rhestr siopa yn Gymraeg bob tro.
  > *Write your shopping list in Welsh every time.*

- Ewch i'r archfarchnad. Edrychwch ar yr arwyddion. Ynganwch nhw.
  > *Go to the supermarket. Look at the signs. Pronounce them.*

- Ewch i'r llyfrgell. Edrychwch ar y llyfrau Cymraeg i blant.
  > *Go to the library. Look at the Welsh books for children.*

Chwiliwch am: / *Look for:*
  Y Geiriadur Lliwgar (Gwasg y Dref Wen, Caerdydd, ISBN 1-85596-27-6)
  neu *Geiriau Bob Dydd* (Gwasg y Dref Wen, Caerdydd, ISBN 1-85596-350-7).
Edrychwch ar y lluniau. Ynganwch yr enwau.
  > *Look at the pictures. Pronounce the names.*

uned2

2.1 Cyfarch a chyflwyno

Cân

Tôn - 'Frère Jacques'

Pawb i sefyll a chanu
gyda'ch partner:
*Everybody standing, and
with your partner sing:*

A:	Bore da
B:	Bore da
A:	Sut dych chi?
B:	Sut dych chi?
A:	Da iawn, diolch
B:	Da iawn, diolch
A:	Sut dych chi?
B:	Sut dych chi?

Symud ymlaen at bartner newydd a chanu:
Move on to a new partner and sing:

A:	Noswaith dda
B:	Noswaith dda

ac yn y blaen. / *and so on.*

Gartre gyda'r plant

Siarad â'r teganau *Talking to the toys*

Wrth fynd o gwmpas y tŷ, codwch y tedis a'r dolis fesul un a dweud, 'Bore da'
neu 'Noswaith dda'. Bydd y tedi neu'r ddoli yn sibrwd yn eich clust, gan roi cyfle
i chi ddweud, 'O, da iawn, diolch.' Gyda lwc, bydd y plentyn yn chwerthin a dod â
rhagor o deganau i chi siarad â nhw. Mae'n bosib bydd rhaid i chi wneud hyn nifer
o weithiau cyn i'r plentyn ymateb.

*As you go around the house, pick up the teddies and the dolls
one at a time and say, 'Bore da' or 'Noswaith
dda'. The teddy or doll will whisper in
your ear, giving you the opportunity to
say 'O, da iawn, diolch.' With luck,
the child will laugh and bring you
more toys to talk to. You may
need to do this a number
of times before the
child responds.*

2.2 Rhifo 1-10

Dyfalu rhifau - bydd eich partner yn cau ei llygaid/ei lygaid. Gyda'ch bys, ysgrifennwch rif ar ei llaw/ei law. Rhaid iddi hi/iddo fe ddyfalu pa rif yw e.

Guessing numbers – your partner will close her/his eyes. With your finger, write a number on her/his hand. She/he must guess which number it is.

Gartre gyda'r plant

- dyfalu rhifau (fel y gêm uchod)
   guessing numbers (like the game above)

- cyfrif gyda'r plentyn wrth fynd lan a lawr y grisiau
   count with the child as you go up and down the stairs

- cyfrif platiau ac yn y blaen wrth eu gosod ar y bwrdd
   count plates and so on as you place them on the table

- cyfrif y botymau ar ddillad y plentyn
   count buttons on the child's clothes

- cyfrif eitemau yn y troli neu yn y bagiau siopa
   count items in the trolley or shopping bags

- tynnu sylw'r plentyn at unrhyw rifau dych chi'n gweld, e.e. prisiau yn y siop
   draw the child's attention to any numbers you see, e.g. prices in the shop

- cyfrif y dillad wrth lwytho'r peiriant golchi
   count the clothes as you load the washing machine

2.3 Rhifo 1-10 - Croesi'r ystafell

Mae'r tiwtor yn rhannu'r dosbarth yn dimau. Bydd hanner pob tîm yn sefyll wrth y wal ar un ochr i'r ystafell. Bydd hanner arall y timau'n sefyll wrth y wal yr ochr arall i'r ystafell. Bydd un person ym mhob tîm yn taflu dis. Y rhif ar y dis yw'r nifer o gamau bydd y person yna yn cael eu cymryd tuag at y wal gyferbyn. Rhaid cyfrif yn uchel wrth gamu. Ailadrodd nes bod y person yn cyrraedd yr ochr arall i'r ystafell. Pasio'r dis i aelod nesa'r tîm a fydd yn taflu'r dis a chamu tuag at y wal gyferbyn, ac yn y blaen. Yr enillwyr yw'r tîm cyntaf i gael pawb i'r ochr arall i'r ystafell, gyferbyn â'u man cychwyn. Os oes eisiau amrywiaeth, mae'n bosib neidio, hercian, neu fynd wysg eu cefnau.

Atodiad i Rieni - Mynediad: Uned 2

The tutor divides the class into teams. Half of each team will stand by the wall on one side of the room. The other half of the teams will stand by the wall on the other side of the room. One person in each team will throw a dice and the number on the dice is the number of steps that person is allowed to take towards the opposite wall. They must count out loud as they step. Repeat until that person reaches the other side of the room. Pass the dice to the next member of the team who will throw the dice and step towards the opposite wall, and so on. The winners are the first team to get everyone to the opposite wall. For variety it is possible to jump, hop or go backwards.

Gartre gyda'r plant

Gydag un neu ddau o blant yn hytrach na thîm, cyfrif y camau'n uchel sy'n bwysig. Mae'n bosib cystadlu yn erbyn y cloc.

> *With one or two children rather than a team, the important thing is to count the steps out loud. It's possible to compete against the clock.*

2.4 Dyddiau'r wythnos

Neidio ar y dyddiau - mae dyddiau'r wythnos ar ddarnau o bapur ar y llawr.
Pan fydd y tiwtor yn galw un o'r dyddiau, ewch i sefyll ar yr enw cywir.

> *Jumping on the days – the days of the week are on pieces of paper on the floor.*
> *When the tutor calls one of the days, go and stand on the correct name.*

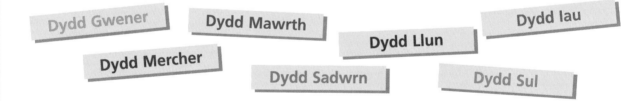

Dydd Gwener   Dydd Mawrth   Dydd Iau

Dydd Mercher   Dydd Llun

Dydd Sadwrn   Dydd Sul

Gartre gyda'r plant

Chwarae'r un gêm gan ddefnyddio dyddiau'r wythnos, rhifau neu luniau gwrthrychau.

> *Play the same game using days of the week, numbers or pictures of objects.*

2.5 Rhoi trefn ar y dyddiau

Bydd y tiwtor wedi rhoi enw un o ddyddiau'r wythnos i bawb. Ewch i sefyll mewn rhes yn dechrau gyda dydd Sul a gorffen gyda dydd Sadwrn. Os oes mwy na saith yn y dosbarth, bydd mwy nag un wythnos, neu ychydig dros wythnos.

> *Putting the days in order – the tutor will have given everyone the name of one of the days of the week. Go and stand in a row starting with Sunday and finishing with Saturday. If there are more than seven in the class, there will be more than one week, or a little over a week.*

Gartre gyda'r plant

Bob dydd, ysgrifennu enw'r dydd mewn
llythrennau magnetig ar ddrws yr oergell.

*Every day, write the name of the
day of the week in magnetic letters
on the fridge door.*

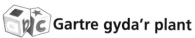

uned 3

3.1 Rhifau ffôn

Gyda'ch partner, defnyddio ffôn tegan neu ffôn symudol i esgus ateb y ffôn.

With your partner, use a toy phone or mobile phone to pretend to answer the phone.

Dwedwch: / *Say:*

A: Bore da, (eich rhif ffôn chi)

B: Bore da, (eich enw chi) sy 'ma. Sut dych chi?

A: Da iawn, diolch, sut dych chi?

B: Iawn. Hwyl.

A: Hwyl.

Ailadrodd gyda phartner newydd a newid partneriaid nifer o weithiau.

Repeat with a new partner and change partners a number of times.

 Gartre gyda'r plant

Chwarae gyda ffôn tegan er mwyn dysgu'r plant i ddweud eich rhif ffôn.

Play with a toy phone in order to teach the children to say your phone number.

Ar ôl gorffen y gêm, gadael y ffôn tegan mewn lle amlwg.
Mae'n bosib bydd y plant yn esgus 'siarad' ar y ffôn wrth chwarae.

After finishing the game, leave the toy phone in a prominent place.
The children may pretend to 'speak' on the phone as they play.

3.2 Ble wyt ti'n byw?*

We say **ti to a child. Don't worry about this now. It will be explained later in the course.*

Dysgwch ddweud eich cyfeiriad yn Gymraeg. Ewch o gwmpas y dosbarth er mwyn llenwi'r grid:

Learn to say your address in Welsh. Go around the class in order to complete the grid:

Enw	Cyfeiriad

Gartre gyda'r plant

Dysgwch y plant sut i ddweud eich cyfeiriad yn Gymraeg.
Teach the children to say your address in Welsh.

3.3 Pelmanism – Beth dych chi'n wneud?

Bydd y tiwtor wedi paratoi cardiau:
Your tutor will have prepared cards:

meddyg	plismon	ffermwr	trydanwr
nyrs	gyrrwr	swyddog gweinyddol	siopwr
adeiladwr	athrawes	garddwr	mecanic

Codwch un cerdyn a dweud, er enghraifft, 'Meddyg dw i'. Codwch gerdyn arall.
Os oes meddyg arall ar y cerdyn, tynnwch y cardiau allan o'r gêm a chymryd tro arall.
Os nad oes meddyg ar y cerdyn, rhowch y cardiau'n ôl ac mae eich partner yn cymryd tro.
Lift up one card and say, for example, 'Meddyg dw i'. Lift up another card.
If there is another doctor on the card, take the cards out of the game and take another turn.
If there isn't a doctor on the card, put the cards back and your partner takes a turn.

Gartre gyda'r plant

Mae'r tiwtor wedi rhoi set o'r lluniau i chi. Gwnewch set o gardiau a chwarae Pelmanism gyda'r plant. Os yw'r plant yn ifanc iawn, chwarae gyda dim ond pedwar neu bum pâr o gardiau.
The tutor has given you a set of the pictures. Make a set of cards and play Pelmanism with the children. If the children are very young, play with only four or five pairs of cards.

uned4

4.1 Beth yw ei enw e? Beth yw ei henw hi?

Mae'r tiwtor yn mynd i roi tegan meddal, dol, neu lun tegan meddal i chi. Rhowch enw ar y tegan. Ewch o gwmpas y dosbarth a gofyn:
The tutor is going to give you a soft toy, a doll or a picture of a soft toy. Give the toy a name. Go around the class asking:

Beth yw ei enw e?   neu/*or*   Beth yw ei henw hi?   Dyma ....

Gartre gyda'r plant

- Gofyn i'r plant am enwau eu teganau
  Ask the children for the names of their toys

- Os oes ffoto gyda chi o'r plant gyda'u ffrindiau yn y cylch meithrin neu'r ysgol, edrych ar y ffoto gyda'r plant a gofyn beth yw enwau'r plant eraill.

    If you have a photo of the children with their friends in the nursery or school, look at the photo with the children and ask the names of the other children.

- Wrth edrych ar gomics a llyfrau gyda'r plant, pwyntiwch at y cymeriadau yn y lluniau a gofyn eu henwau.

    As you look at comics and books with the children, point at the characters in the pictures and ask their names.

4.2 Ble mae e'n byw? Ble mae hi'n byw?

Chwarae fferm

Mae eich tiwtor wedi tynnu lluniau anifeiliaid ar y bwrdd. Copïwch nhw ar ddarn o bapur. Rhowch rif ar bwys pob anifail (1 – 7). Rhowch rif ym mhob cae ar y fferm isod:

Your tutor has drawn pictures of animals on the board. Copy them onto a piece of paper. Put a number beside each animal (1-7). Put a number in each field on the farm below:

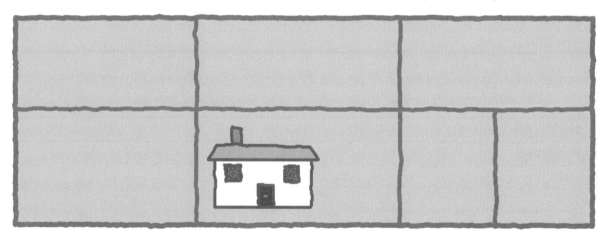

Ymarfer gyda'ch partner. Pwyntiwch at un o'r anifeiliaid a gofyn 'Ble mae e'n byw?' neu 'Ble mae hi'n byw?' Mae eich partner yn pwyntio at y cae ar y fferm a dweud 'yma'.

Practise with your partner. Point to one of the animals and ask 'Ble mae e'n byw?' or 'Ble mae hi'n byw?' Your partner points to the field on the farm and says 'yma'.

Gartre gyda'r plant

- Chwarae fferm gydag anifeiliaid tegan / *Play farm with toy animals*

- Tynnu llun fferm / *Draw a picture of a farm*

uned5

5.1 Trafod ffotograffau'r teulu

Cyflwyno'r bobl yn y ffotograffau i'ch partner gan ddefnyddio 'Dyma ....'
Newid partneriaid nifer o weithiau.

> *Present the people in the photos to your partner, using 'Dyma ...'*
> *Change partners a number of times.*

 Gartre gyda'r plant

Edrych ar ffotograffau'r teulu, pwyntio a dweud 'Dyma ....'
> *Look at photos of the family, point and say 'Dyma ....'*

5.2 Proffil person arall

Mae'r tiwtor wedi rhoi llun i chi. Cwblhewch broffil y person yn y llun.
> *The tutor has given you a picture. Complete the person's profile.*

Enw :	
Ffrind pwy :	
Rhif ffôn:	
Byw:	
Dod o:	
Gweithio:	

Nawr, gofynnwch i'ch partner am y person yn ei lun e/ei llun hi a chwblhau'r proffil yma:
> *Now, ask your partner about the person in his/her picture and complete this profile:*

Enw :	
Ffrind pwy :	
Rhif ffôn:	
Byw:	
Dod o:	
Gweithio:	

 Gartre gyda'r plant

Mae'r tiwtor wedi rhoi lluniau i chi. Defnyddiwch y lluniau i wneud llyfr
gyda'r plant. Teitl y llyfr yw 'Pobl sy'n ein helpu ni'. Dan bob llun ysgrifennwch:

> *The tutor has given you pictures. Use the pictures to make a book with the children. The*
> *title of the book is 'Pobl sy'n ein helpu ni' (People who help us). Under each picture write:*

Dyma _____. _____ yw e/hi.

 **Geirfa**

dyn tân -   *fireman*

5.3 Darllen llyfrau plant

Mae'r tiwtor wedi dod â llyfrau i'r dosbarth. Ymarferwch ddarllen ar eich pen eich hunan yn gyntaf ac wedyn darllen i'ch partner. Peidiwch poeni os dych chi ddim yn deall pob gair.

> *The tutor has brought books to class. Practise reading on your own first and then read to your partner. Don't worry if you don't understand every word.*

 **Gartre gyda'r plant**

- Ewch i'r llyfrgell a chwilio am lyfrau i blant bach gyda lluniau mawr a dim ond brawddeg neu ddwy ar bob tudalen.

  > *Go to the library and look for books for small children with big pictures and only one or two sentences on each page.*

- Darllenwch y llyfrau gyda'r plant. Peidiwch â phoeni os dych chi ddim yn deall pob gair.
  > *Read the books with your children. Don't worry if you don't understand every word.*

- Mae'n bosib bydd y plant eisiau siarad am y llyfrau yn Saesneg. Mae hynny'n iawn. Mae'n helpu eu dealltwriaeth. Ar ôl trafod, darllenwch y llyfr yn Gymraeg unwaith eto.
  > *The children may want to talk about the books in English. That's fine. It helps their understanding. After discussion, read the book in Welsh once again.*

uned 6

6.1 Ble wyt ti'n mynd?

Penderfynwch ble dych chi'n mynd bob dydd wythnos nesa. Dewiswch un o'r rhain ar gyfer pob dydd a llenwi'r grid:

> *Decide where you are going each day next week.*
> *Choose one of these for each day and fill in the grid:*

i'r ysgol	i'r feithrinfa
i'r llyfrgell	i weld mam-gu
i'r ganolfan hamdden	i'r feddygfa
i weld Siân	i'r dosbarth dawnsio

Geirfa

Dydd Llun	
Dydd Mawrth	
Dydd Mercher	
Dydd Iau	

Dydd Gwener	
Dydd Sadwrn	
Dydd Sul	

Ewch o gwmpas y dosbarth yn holi pobl eraill, 'Ble wyt ti'n mynd dydd Llun?' ac yn y blaen. Ceisiwch ddod o hyd i rywun sy'n gwneud yr un peth yr un diwrnod.

> *Go around the class asking other people, 'Ble wyt ti'n mynd dydd Llun?' and so on.*
> *Try to find someone who is doing the same thing on the same day.*

6.2 Cofio atebion

Gyda'ch partner, gofyn 'Ble wyt ti'n mynd?' a gweld faint o atebion
'Dw i'n mynd i...' dych chi'n gallu eu cofio heb edrych ar y llyfr.

> *Working with your partner, ask* 'Ble wyt ti'n mynd?' *and see how many*
> 'Dw i'n mynd i...' *answers you can remember without looking at the book.*

 Gartre gyda'r plant

- Gwnewch siart wythnos yn dangos ble dych chi'n mynd bob dydd fel arfer.
  Make a chart showing where you usually go each day of the week.

- Chwarae gêm gyda'r siart. Cuddio un dydd ar y tro a gofyn i'r plentyn,
  'Ble wyt ti'n mynd dydd Llun?' ac yn y blaen.
  Play a game with the chart. Hide one day at a time and ask the child,
  'Ble wyt ti'n mynd dydd Llun?' *and so on.*

- Mae'n debyg bydd y plentyn yn ateb yn Saesneg. Dwedwch chi'r ateb yn Gymraeg
  ar ei ôl e/hi.
  It's likely the child will answer in English. You say the answer in Welsh after him/her.

Cân

Tôn – 'One finger, one thumb, keep moving'

Dydd Llun, dydd Mawrth, dydd Mercher,
Dydd Llun, dydd Mawrth, dydd Mercher,
Dydd Llun, dydd Mawrth, dydd Mercher,
Dydd Iau, Gwener, Sadwrn a Sul.

uned 7

7.1 Neidio ar y tywydd

Mae'r tiwtor wedi rhoi darnau o bapur ar y llawr yn dangos lluniau'r tywydd.
Mae'r tiwtor yn mynd i alw sut mae'r tywydd. Ewch i sefyll ar y llun cywir.

> *The tutor has put pieces of paper on the floor showing pictures of the weather. The tutor*
> *is going to call out a phrase describing the weather. Go and stand on the correct picture.*

Gartre gyda'r plant

Chwarae'r un gêm gyda'r plant. / *Play the same game with the children.*

7.2 Gêm drac y tywydd (t. 37)

Gartre gyda'r plant

- Chwarae'r un gêm gyda'r plant.
  Play the same game with the children.

- Gwnewch lun y tywydd bob dydd am wythnos a'u rhoi mewn llyfr.

  Make a weather picture every day for a week and put them in a book.

- Gwnewch siart tywydd. Bob dydd gofynnwch i'r plant bwyntio at un o'r lluniau i ddangos sut mae'r tywydd.

  Make a weather chart and every day ask the children to point to one of the pictures to show what the weather is like.

uned 8

8.1 Gêm drac diddordebau

Symudwch o gwmpas y trac gyda dis a gofyn i'ch partner ydy'r teulu'n hoffi gwneud y pethau yn y lluniau.

> *Move around the track with a dice and ask your partner whether the family likes doing the things in the pictures.*

Dych chi'n hoffi chwarae gyda dŵr?	*Do you like playing with water?*
Ydyn, dyn ni'n hoffi chwarae gyda dŵr.	*Yes, we like playing with water.*
Nac ydyn, dyn ni ddim yn hoffi chwarae gyda dŵr.	*No, we don't like playing with water.*

edrych ar y teledu	chwarae gyda dŵr	darllen	ysgrifennu stori
tynnu llun	gwisgo lan	canu	dawnsio
coginio	mynd i weld Mam-gu	chwarae yn yr ardd	mynd i'r parc
peintio	gwneud modelau	garddio	nofio

Gartre gyda'r plant

Chwaraewch yr un gêm ond os dych chi'n chwarae gydag un plentyn gofynnwch:

> *Play the same game but if you are playing with one child ask:*

Wyt ti'n hoffi chwarae gyda dŵr?	*Do you like playing with water?*
Ydw, dw i'n hoffi chwarae gyda dŵr.	*Yes, I like playing with water.*
Nac ydw, dw i ddim yn hoffi chwarae gyda dŵr.	*No, I don't like playing with water.*

Cofiwch fod y plentyn yn debygol o ateb yn Saesneg, os ateb o gwbl.

Peidiwch poeni. Dwedwch chi'r ateb yn Gymraeg ar ei ôl e/ar ei hôl hi.

> *Remember the child is likely to answer in English, if he/she answers at all.*
> *Don't worry. You say the answer in Welsh after him/her.*

8.2 Pelmanism diddordebau

Codwch un cerdyn a dweud beth sy ar y cerdyn, er enghraifft, 'mynd i'r parc'.

Codwch gerdyn arall a dweud beth sy ar y cerdyn. Os oes gyda chi ddau gerdyn

yr un fath, tynnwch nhw allan o'r gêm a chymryd tro arall. Os nad oes, rhowch

y cardiau'n ôl ac mae'ch partner yn cymryd tro.

> *Pick up one card and say what's on the card, for example, 'mynd i'r parc'. Pick up*
> *another card and say what's on the card. If you have identical cards, take them out of*
> *the game and take another turn. If not, put the cards back and your partner takes a turn.*

 Gartre gyda'r plant

Bydd eich tiwtor wedi rhoi set o'r lluniau i chi. Gwnewch set o gardiau a chwarae

Pelmanism gyda'r plant. Os yw'r plant yn ifanc iawn, chwaraewch gyda dim ond

pedwar neu bum pâr o gardiau.

> *The tutor will have given you a set of the pictures. Make a set of cards and play Pelmanism*
> *with the children. If the children are very young, play with only four or five pairs of cards.*

8.3 Meimio diddordebau

Meimio'r diddordebau o'r gêm drac uchod. Bydd eich partner yn dyfalu

pa ddiddordeb dych chi'n feimio ac yn gofyn:

> *Mime the interests from the above track game. Your partner will guess*
> *which interest you are miming and ask:*

Wyt ti'n hoffi coginio?

Ydw, dw i'n hoffi coginio. / Nac ydw, dw i ddim yn hoffi coginio.

 Gartre gyda'r plant

Meimiwch ddiddordebau gyda'r plant. Chi sy'n gwneud y meimio. Os yw'r plentyn yn

dyfalu a dweud yr ateb yn Saesneg, dwedwch chi'r ateb yn Gymraeg ar ei ôl e/ar ei hôl hi.

> *Mime interests with the children. You do the miming. If the child guesses and says the*
> *answer in English, you say the answer in Welsh after him/her.*

Cân

Tôn – 'London's Burning'

Chwarae lego, chwarae lego,
Gyda mami, gyda dadi,
Yn y tŷ, yn y tŷ,
Chwarae lego, chwarae lego.

Tynnu lluniau ...   Darllen stori ...   Ysgrifennu ...

uned**9**

9.1 Eiddo

Oes beiro gyda ti?	*Have you got a biro?*
Oes, mae beiro gyda fi.	*Yes, I have got a biro.*
Nac oes, does dim beiro gyda fi.	*No, I haven't got a biro.*

Ewch o gwmpas y dosbarth a dod o hyd i bobl sydd â'r pethau yma:
Go around the class and find people who have these things:

Eiddo	Enw
beiro	
hances boced	
gwaith cartref	
arian	
llyfr newydd	
siwmper	

Eiddo	Enw
llythyr	
afal	
diod	
cot	
pensil	
esgidiau du	

Dwedwch wrth eich partner beth dych chi'n wybod nawr am beth sy gyda pawb yn y dosbarth.
Tell your partner what you know now about what everyone in class has.

Mae hances boced gyda John. Mae gwaith cartref gyda Jane.

 Gartre gyda'r plant

- Bob bore, pan fydd y plant yn barod i fynd i'r ysgol neu i'r cylch meithrin, arhoswch am funud cyn mynd allan trwy'r drws a gofyn ydy'r pethau cywir gyda nhw. Ar y dechrau, bydd rhaid gofyn y cwestiwn, wedyn chwilio am y peth, ac wedyn ateb. Os dych chi'n gwneud hyn bob bore, bydd y plant yn dysgu'r ateb.

  Every morning, when your children are ready to go to school or to the nursery, stop for a minute before going through the door and ask whether they've got the correct things with them. At the start, you will have to ask the question, then look for the item, and then answer. If you do this every morning, the children will learn the answer.

- Os oes angen mynd â phethau gwahanol ar ddiwrnodau gwahanol, gwnewch siart sy'n dangos dyddiau'r wythnos a phryd mae angen pethau. Rhowch y siart ar bwys y drws ffrynt.

  If you need to take different things on different days, make a chart showing the days of the week and when things are needed. Put the chart by the front door.

9.2 Gêm

Mae eich tiwtor wedi rhoi nifer o bethau neu luniau i chi. Edrychwch arnyn nhw a cheisio eu cofio. Caewch eich llygaid. Bydd eich partner yn codi un o'r pethau a'i guddio y tu ôl i'w gefn/i'w chefn. Edrychwch ar y pethau eto a cheisio cofio beth sy wedi mynd. Dyfalwch a gofyn 'Oes **car** gyda ti?' ac yn y blaen nes i chi gael yr ateb 'Oes'.

*Your tutor has given you a number of objects or pictures. Look at them and try to remember them. Close your eyes. Your partner will pick up one at a time and hide it behind his/her back. Look at the things again and try to remember what has gone. Guess and ask 'Oes **car** gyda ti?' and so on until you get the answer 'Oes'.*

Gartre gyda'r plant

Chwaraewch yr un gêm. Gosod y pethau neu'r lluniau ar y bwrdd neu ar hambwrdd. Edrychwch arnyn nhw gyda'r plentyn gan ddweud enwau'r pethau. Y plentyn sy'n cuddio'r pethau. Bydd angen dysgu'r gair/geiriau '[yn] barod'. Os yw'r plentyn yn ifanc iawn, bydd chwe pheth neu lun yn ddigon.

Play the same game. Place the objects or pictures on the table or on a tray. Look at them with the child, saying the names of the things. The child hides the objects/pictures. You'll need to teach the word[s] '[yn] barod' (ready). If the child is very young, six objects or pictures will be enough.

uned 10

10.1 Trafod ffotograffau'r teulu

Gorffen y brawddegau hyn a disgrifio eich plentyn i'ch partner. Dangos ffoto o'r plentyn. Newid partneriaid nifer o weithiau.

Finish these sentences and describe your child to your partner. Show a photo of the child. Change partners a number of times.

Dechrau gyda: / *Start with:*

Dyma'r mab **neu** Dyma'r ferch.

_____ yw ei enw e **neu** _____ yw ei henw hi.

Mae e/hi'n _____ oed.

Dyn ni'n byw yn _____ (cyfeiriad).

Mae e/hi'n hoffi _____ (diddordebau).

Mae e/hi'n hoffi bwyta _____.

Mae e/hi'n hoffi yfed _____.

Dyw e/hi ddim yn hoffi _____.

Bob dydd _____ mae e/hi'n mynd i _____.

Mae _____ chwaer gyda fe/hi.

Mae _____ brawd/frawd gyda fe/hi.

Does dim _____ gyda fe/hi.

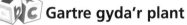 **Gartre gyda'r plant**

Defnyddiwch y brawddegau uchod a gwneud llyfr lloffion am eich plentyn.
Cofiwch adael lle i roi pethau eraill i mewn yn y dyfodol. Gadewch i'r plentyn 'helpu'
gan dynnu lluniau. Defnyddiwch ffotograffau hefyd. Darllenwch y llyfr gyda'r plentyn.

> *Use the above sentences and make a scrapbook about your child. Remember to*
> *leave space to put in other things in future. Let the child 'help' by drawing pictures.*
> *Use photos as well. Read the book with the child.*

10.2 Yr wyddor eto

Crogi'r dyn / *Hangman*

Meddwl am air. Gwneud marc ar y papur ar gyfer pob llythyren:
> *Think of a word. Make a mark on the paper for each letter:*   ___ ___ ___ ___

Cofiwch mai un llythyren yw ch, dd, ff, ng, ll, ph, rh, th.
> *Remember that ch, dd, ff, ng, ll, ph, rh, th count as one letter each.*

Mae eich partner yn dyfalu a gofyn, 'Oes **e** yn y gair?'
> *Your partner guesses and asks, 'Oes **e** yn y gair?'*

Os oes **e** yn y gair, ysgrifennwch **e** yn y lle cywir.
> *If there is an **e** in the word, write **e** on the correct line.*

Os nad oes **e** yn y gair, dechreuwch y scaffald:
> *If there isn't an **e** in the word, start the scaffold:*   ___

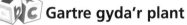 **Gartre gyda'r plant**

Os yw'r plant yn dysgu darllen, chwaraewch yr un gêm.
Os dych chi ddim eisiau 'crogi'r dyn' gyda'r plant, tynnwch
lun o dŷ neu unrhyw siâp arall. Y plentyn sy'n dewis gair allan
o un o'i lyfrau darllen. Dangoswch i'r plentyn sut mae rhifo'r
llythrennau a gwneud y marciau. Chi sy'n gofyn am y
llythrennau.

> *If the children are learning to read, play the same game.*
> *If you don't want to 'hang the man' with the children,*
> *draw a house or any other shape. The child chooses words*
> *from his or her reading books. Show the child how to count*
> *the letters and make the marks. You ask about the letters.*

10.3 Darllen llyfrau plant

Unwaith eto, mae'r tiwtor wedi dod â llyfrau i'r dosbarth. Ymarferwch ddarllen
ar eich pen eich hunan yn gyntaf ac wedyn darllen i'ch partner. Peidiwch poeni
os dych chi ddim yn deall pob gair.

> *Once again, the tutor has brought books to class. Practise reading on your own at*
> *first and then read to your partner. Don't worry if you don't understand every word.*

Gartre gyda'r plant

Amser mynd i'r llyfrgell eto. Cyn i chi fynd,
darllen eto sut mae dewis llyfrau addas yn Uned 5.

> *Time to go to the library again. Before you go,*
> *read again how to choose suitable books in Unit 5.*

uned 11

11.1 Cyflwyno teganau

Dych chi wedi dod â theganau meddal a doliau i'r dosbarth. Cyflwynwch nhw i'ch partner.

> *You have brought soft toys and dolls to class. Introduce them to your partner.*

Dyma fy nhedi i
Dyma fy nghi i

Dyma fy mabi i
Dyma fy noli i
Dyma fy mhyped i

Caewch eich llygaid. Mae eich partner yn cuddio un o'ch teganau chi mewn cas
gobennydd. Heb edrych, teimlwch y tegan yn y cas gobennydd a dyfalu pa un yw e.

> *Close your eyes. Your partner is hiding one of your toys in a pillowcase.*
> *Without looking, feel the toy in the pillowcase and guess which one it is.*

Pwy yw e/hi? Fy mhyped i?   Ie / Nage

Ailadroddwch gan weithio trwy'r teganau i gyd.

> *Repeat, working through all the toys.*

Gartre gyda'r plant

Chwaraewch yr un gêm. Mae'n debyg bydd y plentyn yn ateb yn Saesneg, *'My puppet'*.
Peidiwch poeni. Dwedwch chi'r ateb yn Gymraeg ar ei ôl e/ar ei hôl hi. Ar ôl i'r plentyn ddod
yn gyfarwydd â'r gêm, cofiwch roi cyfle iddo fe/iddi hi guddio'r tegan a gofyn y cwestiwn.

> *Play the same game. It's likely the child will answer in English, 'My puppet'. Don't worry.*
> *You repeat the answer in Welsh. When the child is familiar with the game, remember to*
> *give him/her an opportunity to hide the toy and ask the question.*

11.2 Gofyn am enwau

Ewch o gwmpas y dosbarth gydag un o'r teganau. Gofynnwch i bawb:

Go round the class with one of the toys. Ask everybody:

Beth yw enw ......   dy dedi di?   Dyma Edward
                     dy gi di?   Dyma Sam
                     dy byped di?
                     dy fabi di?
                     dy ddoli di?
                     dy lygoden di?

                     dy fwnci di?
                     dy rinoseros di?

 Gartre gyda'r plant

Gofynnwch i'ch plant a'u ffrindiau am eu teganau nhw.

Ask your children and their friends about their toys.

11.3 Rhif ffôn a chyfeiriad

Adolygu dweud eich rhif ffôn a'ch cyfeiriad. Ewch o gwmpas yr ystafell a gofyn i bump o bobl:

Revise saying your phone number and your address. Go around the room and ask five people:

Beth yw dy enw di?
Beth yw dy rif ffôn di?
Beth yw dy gyfeiriad di?

Enw	Rhif ffôn	Cyfeiriad

 Gartre gyda'r plant

Ymarfer eich rhif ffôn a'ch cyfeiriad gyda'r plant.

Practise your phone number and your address with the children.

uned **12**

12.1 Ble mae e? Ble mae hi?

Caewch eich llygaid. Mae eich partner yn cuddio dis rywle yn yr ystafell.

Agorwch eich llygaid. Gofynnwch gwestiynau a dyfalu ble mae'r dis.

> *Close your eyes. Your partner is hiding a dice somewhere in the room.*
> *Open your eyes. Ask questions and guess where the dice is.*

Ydy'r dis	wrth	y drws?
	o dan	y ford?
	ar	y silff?
	yn	y pot?

Nac ydy

Ydy!

 Gartre gyda'r plant

Chwaraewch yr un gêm. / *Play the same game.*

12.2 Ble mae dy lyfr di?

Faint o atebion dych chi'n gallu meddwl amdanyn nhw i'r cwestiwn hwn?

Gyda'ch partner, gofynnwch y cwestiwn i'ch gilydd dro ar ôl tro nes byddwch chi'n methu meddwl am ateb arall.

> *How many answers can you think of to this question? With your partner, ask each other the question time after time until you can't think of another answer.*

Gartre gyda'r plant

- Fel arfer, mae digon o gyfle i ofyn y cwestiwn hwn i'r plant!
  > *Usually there are plenty of opportunities to ask the children this question!*

- Dyma hen gêm: / *Here's an old game:*

Os oes babi neu blentyn bach iawn gyda chi, gofynnwch i'r babi neu'r plentyn:
> *If you have a baby or very small child, ask the baby or child:*

Ble mae dy drwyn di?	Where's your nose?

Pwyntiwch at ei drwyn e/ei thrwyn hi a dweud: / *Point to his/her nose and say:*

Dyma fe!	Here it is!

Ble mae dy geg di?	Where's your mouth?
Ble mae dy glust di?	Where's your ear?
Ble mae dy wallt di?	Where's your hair?

Os dych chi'n gwneud hyn yn aml, bydd y babi'n dechrau ymateb drwy bwyntio at ei geg/ei cheg ac yn y blaen. Cyn hir bydd e/hi'n dechrau dweud yr ateb hefyd.

If you do this often, the baby will start to respond by pointing to his/her mouth etc.
Soon he/she will start to say the answer as well.

13.1 Faint o'r gloch yw hi, Mr Blaidd?

Mae pawb yn dilyn y tiwtor o gwmpas yr ystafell gan ofyn:

Everyone follows the tutor around the room asking:

Faint o'r gloch yw hi, Mr Blaidd?   *What time is it, Mr Wolf?*

Mae Mr Blaidd (y tiwtor) yn ateb, 'Dau o'r gloch' neu 'Naw o'r gloch' neu unrhyw amser arall o'r gloch.

Mr Wolf (the tutor) answers, 'Dau o'r gloch' or 'Naw o'r gloch'
or any other time of the clock.

Mae'r dosbarth a'r tiwtor yn ailadrodd y cwestiwn a'r ateb nifer o weithiau nes i Mr Blaidd ddweud, 'Un o'r gloch, amser cinio!' Mae pawb yn ceisio rhedeg i ffwrdd ond mae Mr Blaidd yn troi a dal y person agosa. Fe/hi fydd y Mr Blaidd nesa.

The class and the tutor repeat the asking and answering a number of times until Mr Wolf
says, 'Un o'r gloch, amser cinio! ('One o'clock, lunchtime!') Everyone tries to run away
but Mr Wolf turns and catches the nearest person. That person will be the next Mr Wolf.

Gartre gyda'r plant

Chwaraewch yr un gêm. / *Play the same game.*

13.2 Rhaglenni teledu

Mae eich tiwtor wedi rhoi copi o dudalen teledu'r papur newydd i chi. Chwiliwch am y rhaglenni plant a gofyn i'ch partner pryd maen nhw'n dechrau.

Your tutor has given you a copy of the television page of the newspaper.
Look for the children's programmes and ask your partner when they start.

Faint o'r gloch mae 'Sali Mali'?

Gartre gyda'r plant

Os yw'ch plentyn yn dechrau darllen, helpwch e/hi i chwilio yn y papur newydd am y rhaglenni teledu mae e/hi'n hoffi.

If your child is starting to read, help him/her to look in
the newspaper for the television programmes he/she likes.

13.3 Amser

Beth sy'n digwydd ar yr amseroedd hyn? Cysylltwch yr amseroedd
ar y chwith â'r gweithgareddau ar y dde. Dyn nhw ddim yn y drefn gywir.

What happens at these times? Connect the times on the left to the activities
on the right. They are not in the correct order.

7.00 y bore	amser bath
7.30 y bore	amser cinio
8.15 y bore	amser te
12.30 y prynhawn	amser codi
5.00 y prynhawn	amser stori
6.15 y prynhawn	amser cysgu
6.30 y prynhawn	amser brecwast
7.00 y nos	amser mynd i'r ysgol
7.30 y nos	amser gwely
8.00 y nos	amser tacluso

Geirfa

tacluso   -   *to tidy up*

Nawr ymarfer gyda'ch partner. Mae eich partner yn dweud yr amseroedd a dych chi'n
dweud beth sy'n digwydd. Ar ôl gweithio unwaith trwy'r amseroedd i gyd, dechreuwch eto,
ond y tro yma chi sy'n dweud yr amseroedd a'ch partner sy'n dweud beth sy'n digwydd.

Now practise with a partner. Your partner says the times and you say what happens.
After working once through all the times, start again, but this time you say the times
and your partner says what happens.

Ar ôl digon o ymarfer, ceisiwch wneud hyn eto, gan ddweud beth sy'n digwydd o'ch cof.
Dim ond y partner sy'n dweud yr amseroedd sy'n cael edrych ar y llyfr.

After enough practice, try doing this again, saying what happens from memory. Only the
partner telling the times looks at the book.

Gartre gyda'r plant

Cyn bydd eich plentyn yn barod i ddweud yr amser ar y cloc, mae'n bosib cyflwyno'r
syniad bod amser penodol i wneud pethau. Wrth edrych ar y cloc, tynnwch sylw'r plentyn
at y cloc a dweud pethau fel 'Hanner awr wedi deuddeg – amser cinio'. Ar ôl gwneud hyn
am nifer o ddyddiau, ceisiwch ddweud 'Hanner awr wedi deuddeg – amser .....'. Mae'n
bosib bydd y plentyn yn gorffen y frawddeg i chi.

Before your child is ready to tell the time by looking at the clock, it's possible to introduce
the idea that there is a specific time to do things. As you look at the clock, draw the child's
attention to the clock and say things like 'Hanner awr wedi deuddeg – amser cinio'
('12.30 – time for lunch'). After doing this for a number of days, try saying 'Hanner awr
wedi deuddeg – amser .....' It's possible the child will finish the sentence for you.

Cân

Heno, heno, hen blant bach,
Heno, heno, hen blant bach.
Dime, dime, dime, hen blant bach,
Dime, dime, dime, hen blant bach.

Cysgu, cysgu, hen blant bach, (gan esgus cysgu/*pretending to sleep*)
Cysgu, cysgu, hen blant bach.
Dime, dime, dime, hen blant bach,
Dime, dime, dime, hen blant bach.

Fory, fory, hen blant bach, (gan esgus deffro/*pretending to wake up*)
Fory, fory, hen blant bach.
Dime, dime, dime, hen blant bach,
Dime, dime, dime, hen blant bach.

uned 14

14.1 Llongau rhyfel / Battleships

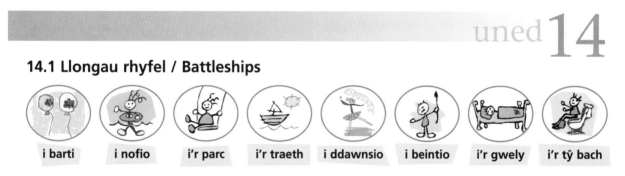

i barti i nofio i'r parc i'r traeth i ddawnsio i beintio i'r gwely i'r tŷ bach

Aethoch chi i bedwar o'r lleoedd uchod ddoe. Dewiswch unrhyw bedwar a'u marcio
nhw. Mae eich partner yn gofyn cwestiynau er mwyn darganfod ble aethoch chi.

You went to four of the above yesterday. Choose any four and mark them.
Your partner asks questions in order to discover where you went.

A: Est ti i'r parc ddoe?
B: Naddo, es i ddim i'r parc ddoe.

A: Est ti i nofio ddoe?
B: Do, es i i nofio ddoe.

Ailadrodd nes darganfod y pedwar lle. / *Repeat until you discover all four places.*

Gartre gyda'r plant

Gêm

Mae'r tiwtor wedi rhoi copi o'r lluniau i chi. Torrwch y lluniau i'w gwahanu.
Rhowch bedwar o'r lluniau ar y bwrdd o flaen y plentyn a dweud beth sy yn y lluniau:
'Es i i'r traeth, es i i ddawnsio, es i i'r gwely'....ac yn y blaen.
Caewch eich llygaid a gofyn i'r plentyn guddio un o'r lluniau y tu ôl i'w gefn/i'w chefn
a dweud 'Barod'. Agorwch eich llygaid a dyfalu beth mae'r plentyn yn ei guddio gan ofyn:

'Est ti i ddawnsio?' ac yn y blaen nes i chi gael yr ateb, 'Do'. Mae'n debyg bydd
y plentyn yn ateb yn Saesneg, neu efallai'n dweud 'Ie' neu 'Ydy'! Peidiwch poeni.
Dwedwch chi'r ateb cywir yn Gymraeg ar ei ôl e/ar ei hôl hi.

> *The tutor has given you a copy of the pictures. Cut the pictures apart. Put four of the*
> *pictures on the table in front of the child and say what the pictures describe: 'Es i i'r traeth,*
> *es i i ddawnsio, es i i'r gwely …' ('I went to the beach, I went dancing, I went to bed…')*
> *Close your eyes and ask the child to hide one of the pictures behind his/her back and say*
> *'Barod.' Open your eyes and guess which picture the child is hiding by asking: 'Est ti i*
> *ddawnsio?' and so on until you get the answer 'Do'. It's likely the child will answer in*
> *English – or say 'Ie' or 'Ydy' perhaps! Don't worry. You repeat the answer correctly in Welsh.*

Ailadroddwch. Ar ôl dod yn gyfarwydd â'r gêm, gadael i'r plentyn gau ei lygaid/ei llygaid
a chithau i guddio'r llun.

> *Repeat. When the game is familiar, let the child close his/her eyes and you hide the picture.*

14.2 Meimio

Mae eich partner yn meimio sut daeth e i'r dosbarth (does dim rhaid dweud y gwir).
Gofynnwch:

> *Your partner mimes how he or she came to class (there is no need to tell the truth). Ask:*

A: Ddest ti	yn y car ?
	ar y trên ?
	mewn awyren ?
	mewn cwch ?
	ar gefn beic ?
	ar gefn ceffyl?

	B: Do, des i yn y car.
neu	**B:** Naddo, ddes i ddim yn y car.

Gartre gyda'r plant

Defnyddio teganau neu luniau: car, trên, awyren, cwch, beic, ceffyl. Dangoswch nhw i'r
plentyn gan ddweud eu henwau, ac wedyn eu rhoi mewn cas gobennydd. Mae'r plentyn yn
dal y cas gobennydd. Dych chi'n tynnu un tegan neu lun (y car) allan heb ei ddangos i'r plentyn.
Meimiwch. Mae'n debyg bydd y plentyn yn dweud 'car'. Dwedwch chi 'Des i yn y car.'

> *Use toys or pictures: car, train, aeroplane, boat, bike, horse. Show them to the child, saying*
> *their names, and then put them in a pillow case. The child holds the pillow case. You pull*
> *out one toy or picture (the car) without showing it to the child. Mime. It's likely the child*
> *will say 'car'. You say, 'Des i yn y car.'*

Ailadroddwch gyda'r teganau eraill ac wedyn gadael i'r plentyn feimio.

> *Repeat with the other toys and then let the child mime.*

**Cân**

Tôn – 'Bobby Shafto'

Ddest ti yma yn y car?
Ddest ti yma yn y car ?
Ddest ti yma yn y car ?
Yma yn y ca – ar.

Ddest ti yma mewn awyren?
Ddest ti yma mewn awyren?
Ddest ti yma mewn awyren?
Yma mewn aw-yr-en.

uned 15

15.1 Dyddiadur

Gorffennwch y dyddiadur yma am ddydd Gwener, dydd Sadwrn a dydd Sul diwetha.

Finish this diary for last Friday, Saturday and Sunday.

Dydd Gwener   Roedd hi'n _____ (y tywydd)

Es i _____

Ges i _____ (bwyd)

Roedd _____ ar y teledu am _____ (amser)

Es i i'r gwely am _____ (amser)

Dydd Sadwrn   Roedd hi'n _____ (y tywydd)

Es i _____

Ges i _____ (bwyd)

Roedd _____ ar y teledu am _____ (amser)

Es i i'r gwely am _____ (amser)

Dydd Sul   Roedd hi'n _____ (y tywydd)

Es i _____

Ges i _____ (bwyd)

Roedd _____ ar y teledu am _____ (amser)

Es i i'r gwely am _____ (amser)

Nawr gofynnwch i'ch partner am ddydd Gwener. Symud ymlaen at bartner newydd i ofyn am ddydd Sadwrn a symud ymlaen eto i ofyn am ddydd Sul.

Now ask your partner about Friday. Move to a new partner to ask about Saturday and move on again to ask about Sunday.

Gartre gyda'r plant

Cadw dyddiadur bob dydd am wythnos. Chi sy'n ysgrifennu. Y plant sy'n tynnu lluniau. Cofiwch ddarllen y dyddiadur gyda'r plant ar ôl i chi ei orffen.

Keep a diary every day for a week. You do the writing. The children draw pictures. Remember to read the diary with the children after you finish it.

15.2 Cofio lluniau

Gan ddefnyddio'r lluniau o Uned 14, chwarae gêm gofio. Rhowch y lluniau ar y bwrdd o flaen eich partner. Dwedwch beth sy yn y lluniau: 'Es i i nofio', 'Es i i chwarae', ac yn y blaen. Trowch y lluniau drosodd. Pwyntiwch at un llun a dweud 'Es i i...' a gadael i'ch partner ddyfalu. Trowch y llun drosodd i gadarnhau'r ateb. Ailadroddwch gyda'r lluniau eraill fesul un.

Using the pictures from Unit 14, play a memory game. Put the pictures on the table in front of your partner. Say what is in the pictures: 'Es i i nofio', 'Es i i chwarae', and so on. Turn the pictures over. Point to one picture and say 'Es i i...' and let your partner guess. Turn the picture over to confirm the answer. Repeat with the other pictures one at a time.

Gartre gyda'r plant

Chwaraewch yr un gêm. Os yw'r plentyn yn ifanc iawn, chwaraewch gyda phedwar neu bump o luniau ar y tro. Os yw'r plentyn yn ymateb yn Saesneg, dwedwch chi'r Gymraeg ar ei ôl e/ar ei hôl hi.

Play the same game. If the child is very young, play with four or five pictures at a time. If the child responds in English, you say the Welsh after him/after her.

uned 16

16.1 Pelmanism

Chwaraeais i yn y dŵr	*I played in the water*
Ges i stori	*I had a story*
Darllenais i lyfr	*I read a book*
Bwytais i ginio	*I ate lunch*
Edrychais i ar y teledu	*I watched television*
Peintiais i lun	*I painted a picture*

Mae eich tiwtor wedi rhoi dwy set o gardiau i chi i gyfleu'r brawddegau uchod. Rhowch y cardiau wyneb i lawr. Codwch gerdyn o un set a dweud beth sy yn y llun: 'Peintiais i lun.' Codwch gerdyn o'r set arall a dweud beth sy yn y llun. Os yw'r un lluniau ar y ddau gerdyn, tynnwch nhw o'r gêm a chymryd tro arall. Os yw'r lluniau'n wahanol, rhowch nhw'n ôl ac mae eich partner yn cymryd tro.

Your tutor has given you two sets of cards to convey the above sentences. Put the cards face down. Pick up a card from one set and say what is in the picture: 'Peintiais i lun.'

*Pick up a card from the other set and say what is in the picture. If the same
pictures are on both cards, take them out of the game and take another turn.
If the pictures are different, put them back and your partner takes a turn.*

Gartre gyda'r plant

Chwaraewch yr un gêm. / *Play the same game.*

16.2 Meimio

Mae eich partner yn meimio rhywbeth o'r rhestr yn 16.1. Dyfalwch a gofyn,
'Fwytaist ti ginio?' Mae eich partner yn ateb 'Do' neu 'Naddo.'
> *Your partner mimes something from the list in 16.1. Guess and ask,*
> *'Fwytaist ti ginio?' Your partner answers 'Do' or 'Naddo.'*

Gartre gyda'r plant

Defnyddiwch y lluniau Pelmanism. Rhowch un set ar y bwrdd o flaen y plentyn.
Chi sy'n meimio. Mae'r plentyn yn ymateb trwy bwyntio at y llun. Dwedwch chi
beth sy yn y llun, e.e. 'Peintiais i lun.'
> *Use the Pelmanism pictures. Put one set on the table in front of the child.*
> *You do the miming. The child responds by pointing to the picture. You say*
> *what is in the picture, e.g. 'Peintiais i lun.'*

16.3 Gwneud stori

Gyda'ch partner, rhowch gymaint o atebion ag sy'n
bosib i'r cwestiynau hyn, heb edrych ar y llyfr.
> *With your partner, give as many answers as possible*
> *to these questions, without looking at the book.*

> Ble aeth Tedi?
> Beth wnaeth Tedi?
> Pryd daeth e adre?
> Beth gaeth e i swper ?

Gartre gyda'r plant

Gwnewch lyfr pedair tudalen o'r enw 'Diwrnod Tedi' (neu hoff degan eich plentyn).
> *Make a four-page book called 'Diwrnod Tedi' (Teddy's Day) (or your child's favourite toy's day).*

Tudalen 1 – Ble aeth Tedi? Aeth e i _____

Tudalen 2 – Beth wnaeth Tedi? _____

Tudalen 3 – Pryd daeth e adre? Daeth e adre am _____ o'r gloch.

Tudalen 4 – Beth gaeth e i swper? Gaeth e _____ i swper.

Darllenwch y llyfr gyda'ch plentyn.
> *Read the book with your child.*

uned **17**

17.1 Stori ddoe

Gwisgo	Edrych ar y teledu
Cerdded i'r cylch meithrin	Ymolchi
Chwarae	Darllen stori
Bwyta cinio	Mynd i'r gwely
Rhedeg yn y parc	

Mae'r rhestr uchod yn dangos beth wnaethoch chi gyda'r plant ddoe.
Bob yn ail â'ch partner, dwedwch beth wnaethoch chi:

The above list shows what you did with the children yesterday.
Alternately with your partner, say what you did:

> **A:** Gwisgon ni.
> **B:** Ar ôl i ni wisgo, cerddon ni i'r cylch meithrin.
> **A:** Ar ôl i ni gerdded i'r cylch meithrin, chwaraeon ni.

Ar ôl gorffen, gweithiwch tuag yn ôl a defnyddio 'cyn i ni':

After finishing, work backwards and use 'cyn i ni':

> **A:** Cyn i ni fynd i'r gwely, darllenon ni stori.

Gartre gyda'r plant

Pan fydd y plant yn y gwely, cyn iddyn nhw gael stori,
helpwch nhw i gofio beth wnaethoch chi yn ystod y dydd:

When the children are in bed, before they have a story, help
them to remember what you did during the day:

> Gwisgon ni.
> Ar ôl i ni wisgo, cerddon ni ....

Os dych chi'n gwneud hyn bob nos, bydd y plant yn dechrau
cofio a byddwch chi'n gallu dechrau brawddeg:

If you do this every night, the children will start to remember
and you will be able to start a sentence:

> Ar ôl i ni wisgo, c.......

a gyda lwc bydd y plant yn gorffen y frawddeg.

and with luck, the children will finish the sentence.

Cofiwch fod angen llawer o ymarfer cyn i'r plant wneud hyn.

Remember that it takes a lot of practice before the children do this.

uned 18

18.1 Rhoi cyngor

Bob yn ail â'ch partner, dwedwch eich bod chi'n mynd i wneud un o'r pethau hyn:

Alternately with your partner, say you are going to do one of these things:

A: Dw i'n mynd i...	
	peintio
	tynnu llun
	mynd i'r tŷ bach
	nofio
	torri papur
	chwarae yn yr ardd
	mynd i barti
	bwyta losin
	ysgrifennu

Cofiwch y treiglad meddal!

Dewiswch y cyngor gorau i roi i'ch partner o'r rhestr hon. Dyw'r rhestr ddim yn y drefn gywir:

Choose the best advice to give your partner from this list. The list isn't in the correct order:

B: Rhaid i ti...	
	gwisgo welingtons
	gwisgo ffedog
	peidio rhedeg gyda'r siswrn
	dal y pensil fel hyn
	golchi dy ddwylo wedyn
	prynu anrheg
	pacio tywel
	peidio ysgrifennu ar y wal
	brwsio dy ddannedd wedyn

Cofiwch y treiglad meddal!

Newidiwch bartner. Rhowch ddarn o bapur dros y rhestr gyngor. Unwaith eto dych chi â'ch partner yn dweud bob yn ail eich bod chi'n mynd i wneud un o'r pethau ar y chwith uchod. Ceisiwch roi cyngor i'ch partner heb edrych ar y rhestr gyngor.

Change partners. Put a piece of paper over the advice list. Once again you and your partner say alternately that you are going to do one of the things above on the left. Try to advise your partner without looking at the advice list.

Gartre gyda'r plant

Dewiswch dri neu bedwar o'r pethau ar y rhestr gyngor i'w dysgu ar eich cof a'u defnyddio bob dydd gyda'r plant. Pan fyddwch yn gallu eu defnyddio bob dydd, dysgwch ragor a'u defnyddio nhw.

Choose three or four of the things from the advice list to learn by heart and use every day with the children. Once you can use them every day, learn and use more of them.

18.2 Gêm drac – Rhaid i ni

Taflwch ddis er mwyn symud o gwmpas y grid. Dwedwch beth mae'n rhaid i chi a'r plant ei wneud fel arfer yr amser hwnnw o'r dydd.

Throw a dice in order to move around the grid. Say what you and the children usually have to do at that time of day.

Am saith o'r gloch, rhaid i ni _____ fel arfer.

Dechrau (y bore)

7.00	8.30	11.00	12.30
5.30	4.00	3.30	2.00
6.00	6.30	7.00	7.30

Diwedd (y nos)

Gartre gyda'r plant

Ychydig o weithiau bob dydd, cyn i chi ddechrau gweithgaredd newydd,
tynnwch sylw'r plant at y cloc a dweud:

> *A few times each day, before you start a new activity, draw the children's*
> *attention to the clock and say:*

> Mae hi'n … o'r gloch, rhaid i ni … nawr.   *It's … o'clock, we must …… now.*

18.3 Mae Seimon yn dweud *(O'Grady says)*

Rhaid i chi wneud pethau pan fydd y tiwtor yn dweud:

> *You must do things when the tutor says:*

> Mae Seimon yn dweud, rhaid i chi …..

Rhaid i chi beidio gwneud pethau pan fydd y tiwtor yn dweud:

> *You must not do things when the tutor says:*

> Rhaid i chi ….

Bydd y rhai sy'n gwneud rhywbeth, heb i Seimon ddweud, allan o'r gêm.

> *Those who do something, without Seimon saying, will be out of the game.*

Gartre gyda'r plant

Chwaraewch yr un gêm. / *Play the same game.*

uned 19

19.1 Cer i nôl

| cot | esgidiau | bag ysgol | llyfr | het | siwmper | tedi | tegan | pêl | doli |

Gyda'r tiwtor, ymarfer dweud wrth rywun am nôl y pethau uchod:

> *With the tutor, practise telling someone to fetch the above things:*

> Cer i nôl cot.

Nawr, mae'r tiwtor wedi rhoi'r pethau uchod, neu luniau ohonyn nhw, o gwmpas yr ystafell. Bob yn ail â'ch partner, dwedwch wrtho fe/wrthi hi am fynd i nôl un o'r pethau.

> *Now, the tutor has put the above things, or pictures of them, around the room.*
> *Alternately with your partner, tell him/her to go and fetch one of the things.*

Gartre gyda'r plant

Manteisiwch ar bob cyfle i ddweud 'Cer i nôl…' wrth eich plant.

> *Take advantage of every opportunity to say 'Cer i nôl…' to your children.*

19.2 Croesi'r ffordd

Darllenwch i'ch partner. Bydd eich tiwtor yn helpu gyda'r geiriau anodd.

> *Read to your partner. Your tutor will help with the difficult words.*

Cod y Groes Werdd

1. **Chwilia** am le saff.
2. **Stopia**. Saf ar y pafin ger yr ymyl.
3. **Edrycha** a **gwranda**.
4. **Aros** nes bydd hi'n saff croesi. Os oes traffig yn dod, gad iddo fe fynd heibio.
5. **Edrycha** a **gwranda** eto. Os does dim traffig yn agos, cerdda'n syth ar draws y ffordd.
6. **Edrycha** a **gwranda** am draffig trwy'r amser wrth groesi.

Darllenwch y darn eto i bartner newydd. Yna symudwch ymlaen eto at bartner newydd arall.

> *Read the passage again to a new partner. Then move on again to another new partner.*

Nawr bydd y tiwtor yn rhoi'r darn i chi gyda'r brawddegau wedi eu gwahanu.
Heb edrych ar y llyfr, rhowch y brawddegau yn y drefn gywir.

> *Now the tutor will give you the passage with every sentence cut apart.*
> *Without looking at the book, put the sentences in the correct order.*

Gartre gyda'r plant

- Bob tro dych chi'n croesi'r ffordd gyda'r plant, hyd yn oed gyda phlentyn bach iawn mewn coets, dwedwch y pethau hyn a'u gwneud:

  > *Every time you cross the road with the children, even with a very small child in a pushchair, say and do these things:*

  Stopia
  Edrycha
  Gwranda
  Cerdda

- Yn y tŷ neu yn yr ardd, chwaraewch groesi'r ffordd gyda'r tedis a'r doliau.

  > *In the house or garden, play crossing the road with the teddies and dolls.*

uned**20**

20.1 Cyn i ti ..., Ar ôl i ti ..., Rhaid i ti.....

Gweithiwch gyda phartner a llenwi'r bylchau gydag un o'r rhain:

Work with a partner and fill the gaps with one of these:

torchi dy lewys di	brwsio dy ddannedd di
tacluso	bwyta dy swper di
gwneud dy waith cartre di	tynnu dy esgidiau di
golchi dy ddwylo di	cael bath

Geirfa

torchi dy lewys di
- *to roll up your sleeves*

Cyn i ti edrych ar y teledu, rhaid i ti _____

Cyn i ti fynd i'r gwely, rhaid i ti _____

Cyn i ti fwyta losin, rhaid i ti _____

Cyn i ti beintio, rhaid i ti _____

Ar ôl i ti fynd i'r tŷ bach, rhaid i ti _____

Ar ôl i ti chwarae gyda'r blociau, rhaid i ti _____

Ar ôl i ti fwyta losin, rhaid i ti _____

Ar ôl i ti chwarae yn yr ardd, rhaid i ti _____

Newidiwch bartner a darllen eich brawddegau i'ch gilydd. Oes gwahaniaethau?

Change partners and read your sentences to each other. Are there differences?

Gartre gyda'r plant

Dewiswch ychydig o'r brawddegau uchod a'u dysgu ar eich cof. Cofiwch eu defnyddio gyda'ch plant. Pan fyddwch chi'n eu defnyddio'n aml, dysgwch rai eraill.

Choose a few of the above sentences and learn them by heart. Remember to use them with the children. Once you are using them often, learn a few more.

20.2 Esgusodion

Bob yn ail â phartner, darllenwch y gorchmynion a'r esgusodion, o leia ddwywaith:

Alternately with a partner, read the commands and excuses at least twice:

Gorchmynion	Esgusodion
Gwna dy waith cartre di!	Cyn i fi wneud fy ngwaith cartre i, rhaid i fi ddarllen comic.
Brwsia dy ddannedd di!	Cyn i fi frwsio fy nannedd i, rhaid i fi fwyta siocled.
Golcha dy ddwylo di!	Cyn i fi olchi fy nwylo i, rhaid i fi orffen peintio.
Dere i gael bath!	Cyn i fi ddod i gael bath, rhaid i fi nôl cwch.
Cer i'r gwely!	Cyn i fi fynd i'r gwely, rhaid i fi ffeindio tedi.
Taclusa dy deganau di!	Cyn i fi dacluso fy nheganau i, rhaid i fi orffen y gêm.
Tynna dy esgidiau di!	Cyn i fi dynnu fy esgidiau i, rhaid i fi eistedd.
Gwisga dy got di!	Cyn i fi wisgo fy nghot i, rhaid i fi wisgo fy siwmper.

Nawr, mae'r tiwtor yn mynd i roi cerdyn i bawb. Mae gorchymyn gyda hanner y dosbarth ac esgus gyda'r lleill. Ewch o gwmpas a chyfateb y gorchmynion a'r esgusodion.

> *Now, the tutor will give everyone a card. Half the class has a command and the others have an excuse. Go around and match up the commands and the excuses.*

Gartre gyda'r plant

Defnyddiwch y gorchmynion gyda'ch plant. Yn rhy fuan o lawer, bydd y plant yn dechrau defnyddio'r esgusodion!

> *Use the commands with the children. All too soon, the children will start to use the excuses!*

20.3 Problemau a helpu

Gyda phartner, cyfatebwch y problemau hyn â'r help mwya addas.
Dyn nhw ddim yn y drefn gywir:

> *With a partner, match these problems with the most suitable help.*
> *They are not in the correct order:*

Problem	Help
Lasys esgidiau'n agor	Dere. Rhaid i fi dorchi dy lewys di.
Siocled ar y dwylo	Dere. Rhaid i fi sychu dy drwyn di.
Botymau ar agor	Dere. Rhaid i fi roi sws i ti.
Paent ar y siwmper	Dere. Rhaid i fi gau dy fotymau di.
Trwyn yn rhedeg	Dere. Rhaid i fi olchi dy ddwylo di.
Crio	Dere. Rhaid i fi gau dy lasys di.

Nawr darllenwch y problemau i'ch partner fesul un. Mae eich partner yn ceisio cofio'r help heb edrych ar y llyfr.

> *Now read the problems to your partner one at a time. Your partner tries to remember the help without looking at the book.*

Gartre gyda'r plant

Cofiwch ddefnyddio'r brawddegau 'help' uchod gyda'ch plant.
> *Remember to use the above 'help' sentences with your children.*

Geirfa

lasys esgidiau	-	*shoelaces*
botymau	-	*buttons*
sws	-	*kiss*

uned 21

21.1 Disgrifio pobl

Defnyddiwch y lluniau ar dudalen 132 yn Uned 21 y prif gwrs.
Use the pictures on page 132 in Unit 21 of the main course.

> **Partner A:** (yn disgrifio un o'r bobl)
> *(describing one of the people)*
> Mae e'n dal ac yn denau,…
>
> **Partner B:** Fe / Hi (gan bwyntio at y person) *(pointing at the person)*
>
> **Partner A:** Ie / Nage

 ### Gartre gyda'r plant

Chwaraewch yr un gêm. / *Play the same game.*

21.2 Lliwiau

Bydd y tiwtor wedi dod â llawer o deganau neu luniau o deganau i'r
dosbarth. Maen nhw o flaen y dosbarth. Bob yn ail â'ch partner, ymarfer:

> *The tutor will have brought a lot of toys or pictures of toys to class.*
> *They are in front of the class. Alternately with your partner, practise:*
>
> Cer i nôl rhywbeth…
> *Go and fetch something …*

coch
glas
gwyrdd
melyn
du
porffor/piws
gwyn

 ### Gartre gyda'r plant

Chwaraewch yr un gêm. / *Play the same game.*

21.3 Baneri

Defnyddiwch y baneri yn Uned 21 y prif gwrs. Gyda phartner, chwaraewch y gêm yma:
> *Use the flags in Unit 21 of the main course. With a partner, play this game:*
>
> **Partner A:** Mae hi'n wyn ac yn goch.
> **Partner B:** Japan
> **Partner A:** Ie / Nage

 ### Gartre gyda'r plant

Chwaraewch yr un gêm. / *Play the same game.*

Cân

Tôn – 'I can sing a rainbow'

Coch a melyn a fioled a glas,
Porffor ac oren a gwyrdd.
Dyma liwiau'r enfys,
Lliwiau'r enfys,
Lliwiau'r enfys hardd.

uned22

22.1 Un coch, un glas … gwneud setiau o bedwar

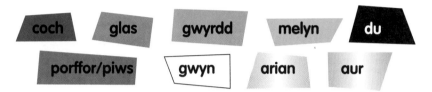

Bydd y tiwtor wedi paratoi setiau o bedwar cerdyn gyda'r un lliw arnyn nhw.
Bydd e/hi yn cymysgu'r cardiau a'u rhannu ymhlith aelodau'r dosbarth.
Rhaid casglu setiau o bedwar cerdyn yr un lliw.

> *The tutor will have prepared sets of four cards with the same colour on them.*
> *He/she will shuffle the cards and share them between members of the class.*
> *Collect sets of four cards of the same colour.*

Ewch o gwmpas a gofyn:

> Ga' i un **coch**? *May I have a red one?*

Mae'r person arall yn dweud 'Na chei' (os nad oes cerdyn coch gyda fe/hi) (*if he/she hasn't got a red card*) neu 'Cei' (ac yn rhoi cerdyn coch i chi) (*and gives you a red card*).

Rhaid symud ymlaen at berson arall ar ôl gofyn un cwestiwn. Rhaid siarad â phawb nifer o weithiau cyn gorffen. Pan fydd set o bedwar cerdyn yr un lliw gyda chi, ewch â nhw i'r tiwtor. Bydd e/hi'n rhoi rhagor o gardiau ichi.

> *You must move on to another person after asking one question. You will have to speak to everyone a number of times before finishing. Once you have a set of four cards of the same colour, take them to the tutor who will give you more cards.*

Gartre gyda'r plant

* Defnyddiwch 'Ga' i un coch?' ac yn y blaen, wrth chwarae gyda lego a gemau tebyg, wrth dynnu lluniau gyda chreonau ac wrth ddewis losin a dillad.
  > *Use 'Ga' i un coch?' and so on when playing with lego and similar games, drawing pictures with crayons and choosing sweets and clothes.*

* Dysgwch eich plentyn i ofyn am bethau yn Gymraeg. Bob tro mae'r plentyn yn gofyn am rywbeth yn Saesneg, neu'n pwyntio at y peth mae e/hi eisiau, dwedwch chi 'Ga' i …?' Rhaid bod yn amyneddgar, ond yn y diwedd bydd y plentyn yn gofyn yn Gymraeg.
  > *Teach your child to ask for things in Welsh. Every time the child asks for something in English, or points at the thing he/she wants, you say 'Ga' i …?' You must be patient but eventually the child will ask in Welsh.*

22.2 Dw i eisiau...

Beth mae eich plant chi eisiau? Helpwch y tiwtor i gasglu syniadau ar y bwrdd gwyn/du. Gyda'r tiwtor, ymarferwch ofyn am y pethau ar y bwrdd gwyn/du. Nawr gyda'ch partner, gofynnwch y cwestiwn:

> Beth wyt ti eisiau?

drosodd a throsodd, er mwyn cofio cymaint o atebion 'Dw i eisiau ....' ag sy'n bosib, heb edrych ar y bwrdd gwyn/du.

> *What do your children want? Help the tutor to collect ideas on the white/black board.*
> *With the tutor, practise asking for the things on the white/black board. Now with your*
> *partner, ask the question, 'Beth wyt ti eisiau?' over and over, in order to remember as*
> *many 'Dw i eisiau ...' answers as possible, without looking at the white/back board.*

Gartre gyda'r plant

Os dych chi'n cynnig dewis i blentyn, mae'n well cynnig dewis rhwng dau beth. Os oes gormod o ddewis, mae'n anodd penderfynu:

> *If you are offering a child a choice, it's better to offer a choice between two things.*
> *If there's too much choice, it's difficult to decide:*

> Beth wyt ti eisiau? Coch neu las?

uned23

23.1 Arian

Mae angen darnau arian amrywiol, darn o bapur plaen a phensil. Mae'r tiwtor yn mynd i ddefnyddio'r geiriau hyn:

> *You need various coins, a piece of plain paper and a pencil. The tutor is going to use these words:*

Rhowch	*Put*
Rhwbiwch	*Rub*

Rhowch y darnau arian ar y bwrdd. Rhowch y papur dros y darnau a rhwbio pen y darnau ag ochr y pensil. Bydd llun y darnau'n ymddangos ar y papur. Os dyw'r rhif ddim yn glir, ysgrifennwch drosto fe i'w wneud yn gliriach. Ailadroddwch er mwyn llenwi'r papur.

> *Put the coins on the table. Put the paper over the coins and with the side of the pencil,*
> *rub the top of the coins. If the number doesn't show clearly, write over it to make it clearer.*
> *Repeat in order to fill the paper.*

Cyfrif faint o arian sy ar y papur. Ewch o gwmpas y dosbarth yn cyfnewid papurau â phobl eraill a chyfrif faint o arian sy gyda nhw. Pwy yw'r cyfoethoca?

> *Count how much money is on the paper. Go around the class exchanging papers*
> *with other people and counting how much money they have. Who is the richest?*

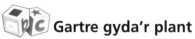 **Gartre gyda'r plant**

Torrwch luniau'r darnau arian o'r papur. Gwnewch ragor gyda'r plant.
Defnyddiwch yr arian i chwarae siop.

> *Cut the pictures of the coins out of the paper. Make more with the children.*
> *Use the money to play shop.*

Rhybudd: byddwch yn ofalus wrth drin darnau arian gyda'r plant.
Peidiwch gadael iddyn nhw eu bwyta!

> ***Warning:*** *be careful when using coins with the children. Don't let them eat them!*

23.2 Dyfalu darnau

Caewch eich llygaid. Mae eich partner yn rhoi darn o arian yn eich llaw. Heb edrych
a chan deimlo ag un llaw yn unig, dyfalwch pa fath o ddarn yw e (ceiniog, dwy geiniog,
punt, ac yn y blaen).

> *Close your eyes. Your partner puts a coin in your hand. Without looking and feeling with*
> *one hand only, guess what sort of coin it is (a penny, two pence, a pound, and so on).*

Ceiniog yw e?   Ie/Nage

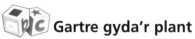 **Gartre gyda'r plant**

Chwaraewch yr un gêm. Rhaid bod y plentyn yn ddigon hen i adnabod gwahanol ddarnau.

> *Play the same game. The child must be old enough to recognise different coins.*

23.3 Chwarae siop

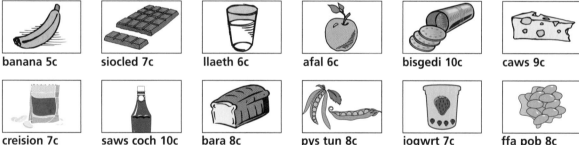

banana 5c	siocled 7c	llaeth 6c	afal 6c	bisgedi 10c	caws 9c
creision 7c	saws coch 10c	bara 8c	pys tun 8c	iogwrt 7c	ffa pob 8c

Ymarfer gofyn i'ch partner am dri pheth. Mae eich
partner yn gwneud y sym a gofyn am yr arian. Esgus talu.

> *Practise asking your partner for three of the above. Your partner*
> *works out the sum and asks for the money. Pretend to pay.*

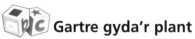 **Gartre gyda'r plant**

Chwarae siop. Mae siopau teganau'n gwerthu pecynnau ffug, ond mae hi'r un mor hawdd
chwarae gyda phecynnau gwag, neu bethau o'r cwpwrdd bwyd.

> *Play shop. Toy shops sell fake packets, but it is just as easy to play with empty packets, or*
> *things from the food cupboard.*

Os yw'ch plentyn yn ifanc iawn, does dim angen defnyddio arian o gwbl, dim
ond esgus talu. Os yw'r plentyn yn gallu rhifo, ysgrifennwch brisiau isel ar y pecynnau.
Defnyddiwch yr arian papur wnaethoch chi yn y dosbarth, neu arian plastig.

*If the child is very young, there is no need to use money at all – you can pretend
to pay. If the child can count, write low prices on the packets. Use the paper money
you made in class, or plastic money.*

Wrth i'r plentyn fynd yn hŷn, tynnwch ei sylw at y prisiau ar y silffoedd yn yr archfarchnad.

As the child grows older, draw his/her attention to the prices on the shelves in the supermarket.

uned 24

24.1   Y corff

Gyda'r tiwtor, ymarfer dweud: / *With the tutor, practise saying:*

pen	clust	gwddw	llaw	braich	cefn
bola	coes	troed	ceg	trwyn	llygad

Yna gyda phartner, ymarfer gofyn 'Ble mae dy ….di?' Bydd eich partner yn pwyntio.
Now with a partner, practise asking 'Ble mae dy ….di?' Your partner will point.

Gartre gyda'r plant

Gêm i'w chwarae gyda babanod a phlant ifanc iawn yw hon – roedd yr un gêm yn
Uned 12. Yn aml iawn, mae rhieni'n chwarae'r gêm yma cyn i'r plentyn ddechrau siarad.
Gofynnwch y cwestiwn, 'Ble mae dy fola di?' Rhaid i chi roi eich bys ar fola'r babi a dweud,
'Dyma fe!' Wrth i'r plentyn dyfu, bydd e/hi'n ymuno yn y gêm.

*This is a game to play with babies and very young children. You played the same game in
Unit 12. Very often parents play this game before the child starts to talk. Ask the question,
'Ble mae dy fola di?' Place your finger on the baby's tummy and say, 'Dyma fe!' As the
child grows, he/she will join in the game.*

24.2   Corff Tedi

1 – pen
2 – corff
3 – coes
5 – clustiau
6 – trwyn, llygaid a cheg
4 – braich

Mewn grwpiau o dri neu bedwar, cymerwch dro i daflu dis. Dych chi'n tynnu llun o rannau corff Tedi yn ôl y rhifau dych chi'n eu taflu. Os dych chi'n taflu'r dis ac yn cael rhan sy gyda chi'n barod, dych chi ddim yn gallu ychwanegu dim byd at Tedi'r tro hwnnw. Yr enillydd yw'r un sy'n cwblhau Tedi'n gyntaf.

> *In groups of three or four, take turns to throw a dice. You draw parts of Teddy's body according to the numbers you throw. If you throw the dice and get a number corresponding to a part you already have, you don't add anything to Teddy that time. The winner is the one who completes Teddy first.*

Gartre gyda'r plant

Chwarae'r un gêm. Os yw'r plentyn yn rhy ifanc i dynnu llun Tedi, tynnwch lun i bob chwaraewr a gwahanu rhannau'r corff cyn i chi ddechrau chwarae. Mae'r chwaraewyr yn casglu'r rhannau at ei gilydd wrth chwarae.

> *Play the same game. If the child is too young to draw a picture of Teddy, draw a picture for each player and cut the parts of the body apart before you start playing. The players gather the parts as they play.*

24.3 Pelmanism – Salwch

Mae'r tiwtor wedi rhoi dwy set o luniau i chi. Rhowch nhw ar y bwrdd gyda'r lluniau i lawr. Gofynnwch i'ch partner:

> *The tutor has given you two sets of pictures. Put them on the table picture side down. Ask your partner:*

> Beth sy'n bod arnat ti?   *What's the matter with you?*

Mae eich partner yn codi un cerdyn ac yn ateb yn ôl y llun, e.e. 'Mae pen tost gyda fi.' Wedyn mae e/hi'n codi cerdyn arall ac yn ateb yn ôl y llun. Os yw'ch partner wedi codi dau gerdyn gyda'r un llun arnyn nhw, mae e/hi'n eu tynnu o'r gêm. Os na, rhowch nhw nôl. Eich tro chi nesa.

> *Your partner picks up one card and answers according to the picture, e.g. 'Mae pen tost gyda fi.' Then he/she picks up another card and answers according to the picture. If your partner has picked up two cards with the same picture, he/she removes them from the game. If not, put them back. Your turn next.*

Gartre gyda'r plant

Chwarae'r un gêm. / *Play the same game.*

Cân

Eisteddwch ar gadair. Plygwch a chyffwrdd y rhannau wrth ganu amdanyn nhw. Canwch weithiau'n gyflym, weithiau'n araf a bydd y plant yn dysgu'r geiriau hyn hefyd.

> *Sit on a chair. Bend and touch the parts as you sing about them. Sing sometimes quickly, sometimes slowly and the children will learn these words too.*

Tôn – 'There is a tavern in the town'

Pen, ysgwyddau, coesau, traed,
Coesau traed,
Pen, ysgwyddau, coesau, traed,
Coesau, traed,
A llygaid, clustiau, trwyn a cheg,
Pen, ysgwyddau, coesau, traed,
Coesau, traed.

uned 25

25.1 Meimio salwch

ffliw	annwyd	peswch	pen tost	clust dost
cefn tost	troed dost	bola tost	braich dost	gwddw tost

Gyda'ch partner, meimiwch yn eich tro a gofyn:

With your partner take turns to mime and ask:

Beth sy'n bod arna i?

Mae eich partner yn ateb:

Your partner answers:

Mae ffliw arnoch chi. / Mae ffliw arnat ti.

Gartre gyda'r plant

Chwarae ysbyty gyda'r tedis a'r doliau. / *Play hospital with the teddies and dolls.*

25.2 Tegan dweud ffortiwn / *Fortune teller*

Mae'r tiwtor wedi rhoi sgwâr o bapur i chi. Bydd y tiwtor yn dangos i chi sut mae plygu'r papur i wneud 'Tegan dweud ffortiwn'. Rhowch liwiau, rhifau a negeseuon ar y papur. Rhowch un o fysedd a bawd y ddwy law i mewn i'r corneli. Gofynnwch i'ch partner:

The tutor has given you a square of paper. The tutor will show you how to fold the paper to make a 'Fortune teller'. Put colours, numbers and messages on the paper. Put your thumb and one finger of both hands into the corners. Ask your partner:

Pa liw wyt ti eisiau?

Dwedwch bob llythyren o'r lliw, gan agor a chau'r 'Tegan dweud ffortiwn' unwaith ar gyfer pob llythyren. Gofynnwch:

Say each letter of the colour, opening and closing the 'Fortune teller' once for each letter. Ask:

Pa rif wyt ti eisiau?

Cyfrif y rhif, gan agor a chau fel o'r blaen. Gofynnwch eto:

Count the number, opening and closing as before. Ask again:

Pa rif wyt ti eisiau?

Darllenwch y neges o dan y rhif. / *Read the message under the number.*

Syniadau ar gyfer negeseuon: / *Ideas for messages:*

Rwyt ti'n olygus	Rwyt ti'n ddiddorol	Rwyt ti'n ddiflas
Rwyt ti'n hardd	Rwyt ti'n dda	Rwyt ti'n dwp

Gartre gyda'r plant

Gwnewch 'Deganau dweud ffortiwn' a chwarae gyda nhw. Bydd y brawddegau hyn yn ddefnyddiol:

> *Make 'fortune tellers' and play with them. These sentences will be useful:*

Plygwch y papur fel hyn.	Plyga'r papur fel hyn.	*Fold the paper like this.*
Trowch y papur drosodd.	Tro'r papur drosodd.	*Turn the paper over.*
Plygwch eto.	Plyga eto.	*Fold again.*

Bydd y plant yn gwerthfawrogi rhai negeseuon fel:

> *The children will appreciate some messages like:*

Mwnci wyt ti!	*You're a monkey!*
Mochyn wyt ti!	*You're a pig!*

25.3 Darllen llyfrau

Bydd y tiwtor wedi dod â llyfrau plant i'r dosbarth. Darllenwch i'ch partner. Peidiwch poeni os dych chi ddim yn deall pob gair. Bydd y tiwtor yn helpu gyda geiriau anodd.

> *The tutor has brought children's books to class. Read to your partner. Don't worry if you don't understand every word. The tutor will help with difficult words.*

Gartre gyda'r plant

Cofiwch fynd â'r plant i'r llyfrgell a dewis ychydig o lyfrau Cymraeg i'w darllen gyda nhw. Mae'r profiad o fwynhau stori gyda'ch gilydd ac edrych ar y lluniau yr un mor bwysig â deall y geiriau. Mae'n bosib trafod y llyfr yn Saesneg. Darllenwch y stori wedyn yn Gymraeg.

> *Remember to take the children to the library and choose a few Welsh books to read with them. The experience of enjoying a story together and looking at the pictures is just as important as understanding the words. It's possible to discuss the book in English. Read the story then in Welsh.*

Cân
Tôn – 'Polly put the kettle on'

Beth sy'n bod ar tedi bach?
Beth sy'n bod ar tedi bach?
Beth sy'n bod ar tedi bach?
Ar tedi bach?

Mae peswch cas ar tedi bach,
Mae peswch cas ar tedi bach,
Mae peswch cas ar tedi bach,
Ar tedi bach.

uned 26

26.1 Sut un yw e/hi?

Mae'r tiwtor wedi gofyn i bawb ddod â ffotograffau o'u plant neu blant eraill yn y teulu. Bydd y tiwtor wedi glynu'r ffotograffau wrth y bwrdd gwyn/du ac wedi ysgrifennu rhif ar bwys pob ffoto.

> *The tutor has asked everyone to bring photos of their children or other children in the family. The tutor will have stuck the photos to the white/black board and written a number beside each photo.*

Ar ddarn o bapur, ysgrifennwch ddisgrifiad o un o'ch plant. Rhowch y papur i'ch partner. Bydd e/hi'n mynd i edrych ar y ffotograffau a cheisio cael hyd i'ch plentyn chi. Ewch ymlaen i wneud yr un peth gyda nifer o bobl eraill.

> *On a piece of paper, write a description of one of your children. Give the paper to your partner. He/she will go to look at the photos and try to find your child. Do the same thing with a number of other people.*

 Gartre gyda'r plant

Ysgrifennwch ddisgrifiad o'ch plentyn i'w roi yn y llyfr lloffion, 'Dyma fi' a ddechreuoch chi yn Uned 10. Gofynnwch i'ch plentyn beintio ei lun/ei llun ei hunan i'w gynnwys yn y llyfr lloffion.

> *Write a description of your child to put into the 'Dyma fi' scrapbook you started in Unit 10. Ask your child to paint his/her own picture to be included in the scrapbook.*

26.2 Yn y tŷ

Tynnwch lun croestoriad o'ch tŷ neu'ch tŷ delfrydol. Labelwch yr ystafelloedd.

> *Draw a cross-section of your house or of your ideal house. Label the rooms.*

lolfa	ystafell fwyta	cegin	ystafell ymolchi
ystafell wely Mami a Dadi		ystafell wely Manon	
y grisiau		yr ardd	

Dych chi'n esgus eich bod chi yn un o'r ystafelloedd. Ysgrifennwch enw'r ystafell honno ar ddarn arall o bapur, heb ddangos i'ch partner. Mae eich partner yn gofyn cwestiynau i ddarganfod ble dych chi:

> *Pretend you are in one of the rooms. Write the name of that room on another piece of paper, without showing your partner. Your partner asks questions to discover where you are:*
>
> Wyt ti yn y gegin? Ydw/Nac ydw

 Gartre gyda'r plant

Chwarae mig

Dwedwch wrth eich plentyn am fynd i un o'r ystafelloedd yn y tŷ. Sefwch yng nghanol y tŷ a galw:

Tell your child to go to one of the rooms in the house. Stand in the middle of the house and call:
Wyt ti yn ystafell wely Mami a Dadi?

Mae'n debyg bydd y plentyn yn ateb yn Saesneg. Dwedwch chi'r ateb yn Gymraeg
ar ei ôl e/ar ei hôl hi.
It's likely the child will answer in English. You repeat the answer in Welsh.

Os yw'ch plentyn yn dechrau dysgu darllen, ysgrifennwch enwau'r ystafelloedd
yn Gymraeg ar labeli ar y drysau. Cofiwch eu rhoi'n ddigon isel i'r plant eu gweld.
*If your child is starting to learn to read, write the names of the rooms in Welsh on
labels on the doors. Remember to put them low enough for the children to see.*

uned 27

27.1 Llongau rhyfel *Battleships*

ysgrifennu dy enw di	torri â siswrn	gwisgo dy got di
dal y pensil fel hyn	torchi dy lewys di	tynnu dy siwmper di
helpu Mami	agor y drws	darllen stori

Marciwch bedwar o'r gweithgareddau uchod. Gofynnwch gwestiynau i'ch partner
er mwyn cael hyd i'r pethau mae e/hi wedi'u marcio.
*Mark four of the above activities. Ask your partner questions in order to find
the things he/she has marked.*
Wyt ti'n gallu darllen stori?   Ydw/Nac ydw

Gartre gyda'r plant

Mae canmoliaeth yn bwysig i'ch plentyn. Pan fydd eich plentyn yn llwyddo, cofiwch ddweud:
Praise is important to your child. When your child succeeds, remember to say:
Da iawn, rwyt ti'n gallu **torri â siswrn** nawr!

27.2 Y plant

eistedd	sefyll	cerdded	
rhedeg	cicio pêl	dal pêl	reidio beic
canu	siarad	nabod ei enw e/ei henw hi	

Geirfa

nabod ei enw e/ei henw hi
- *recognize his/her name*

Mewn grwpiau o dri, trafodwch beth mae eich
plant chi'n gallu wneud neu ddim yn gallu wneud.
In groups of three, discuss what your children can or cannot do.

Gartre gyda'r plant

Wrth siarad â'ch plentyn, dyw hi ddim yn syniad da ei gymharu e/ei chymharu hi â
phlant eraill. Mae'n well canolbwyntio ar beth mae e/hi'n gallu wneud. Beth am gofnodi
cyraeddiadau'r plant mewn llyfr lloffion arbennig a chynnwys ffotograffau:

When talking to your child, it isn't a good idea to compare him/her with other children. It's better to concentrate on what he/she can do. How about recording the children's achievements in a special scrapbook and including photographs?

9 Mawrth 2005   Mae Siân yn gallu cerdded.

27.3 Trafod cartwnau, llyfrau, comics ...

Pingu	Spiderman	Batman	Wcw
Superted	Dennis a Dannedd	Teletubbies	Shrek

Mewn grwpiau o dri, trafodwch beth mae'r cymeriadau hyn, a chymeriadau poblogaidd eraill, yn gallu wneud neu ddim yn gallu wneud:

In groups of three, discuss what these characters, and other popular characters, can or cannot do:

Dyw Pingu ddim yn gallu siarad Cymraeg.

Gartre gyda'r plant

Wrth edrych ar lyfrau neu gomics, trafodwch beth mae'r cymeriadau'n gallu wneud neu ddim yn gallu wneud.

When looking at books or comics, discuss what the characters can or cannot do.

uned 28

28.1 Wyt ti wedi ...?

Bydd y tiwtor wedi dod â llawer o bethau neu luniau i'r dosbarth. Mae tua 16 ohonyn nhw ar y bwrdd. Gyda phartner, edrychwch arnyn nhw'n ofalus. Bydd y tiwtor yn helpu gydag unrhyw eiriau anodd.

The tutor has brought a lot of items or pictures to class. There are approximately 16 of them on the table. With your partner, study them carefully. The tutor will help with any difficult words.

Nawr, caewch eich llygaid. Bydd eich partner yn symud ychydig o'r pethau o gwmpas ar y bwrdd. Agorwch eich llygaid, edrychwch ar y bwrdd a gofyn cwestiynau:

Now, close your eyes. Your partner will move a few of the items around on the table. Open your eyes, look at the table and ask questions:

Wyt ti wedi symud **y car coch?**   Ydw/Nac ydw

Gartre gyda'r plant

Chwaraewch yr un gêm. / *Play the same game.*

28.2 Ble mae tedi wedi bod?

Ymarfer yr atebion gyda'r tiwtor: / *Practise these answers with the tutor:*

yn y cwpwrdd	y tu ôl i'r bin	yn y gornel	dan y bwrdd
yn y bag	ar y silff	y tu ôl i'r cloc	dan y poster

Mae'r tiwtor wedi rhoi tedi neu ddoli i chi a'ch partner. Mae eich partner yn cau ei lygaid/ei llygaid. Ewch i guddio'r tedi neu'r ddoli rywle yn yr ystafell. Ewch nôl at eich partner a dweud 'Dw i'n barod'. Mae eich partner yn mynd i chwilio am y tegan. Mae e/hi'n dod â'r tegan nôl i chi. Gofynnwch:

> *The tutor has given you and your partner a teddy or doll. Your partner closes his/her eyes. Hide the teddy or doll somewhere in the room. Go back to your partner and say 'Dw i'n barod'. Your partner goes to search for the toy. He/she brings the toy back to you. Ask:*
>> Ble mae tedi wedi bod?
>> Mae e wedi bod …

Gartre gyda'r plant

Chwarae gêm debyg. Rhowch y tedi (heb ei guddio) yn un o ystafelloedd y tŷ. Rywdro yn ystod y dydd, gofynnwch i'r plentyn fynd i chwilio am y tedi. Pan fydd y plentyn yn dod nôl gyda'r tedi, gofynnwch:

> *Play a similar game. Put the teddy (without hiding it) in one of the rooms of the house. Sometime during the day, ask the child to go to search for the teddy. When the child comes back with the teddy, ask:*
>> Ble mae tedi wedi bod?
>> Mae e wedi bod yn y gegin.

Mae hi'n bosib bydd rhaid i chi ofyn y cwestiwn a'i ateb, nes i'r plentyn ddysgu'r gêm.

> *It's possible you will have to ask the question and answer it, until the child learns the game.*

Cân
Tôn – 'She'll be coming round the mountain'

Ble mae tedi wedi bod? Wedi bod?
Ble mae tedi wedi bod? Wedi bod?
Ble mae tedi wedi bod?
Tedi wedi bod?
Ble mae tedi wedi bod? Wedi bod?

uned 29

29.1 Llongau rhyfel *Battleships*
Mynd i'r cylch meithrin

chwarae yn y dŵr	peintio	tynnu llun	cael stori
dawnsio	reidio beic	ysgrifennu	canu
chwarae yn y gegin	yfed llaeth	gwisgo lan	rhifo
chwarae yn y tywod	chwarae trên	gwneud model	dringo

Byddwch chi'n gwneud pump o'r pethau hyn yn y cylch meithrin heddiw. Marciwch nhw. Bydd eich partner yn gofyn cwestiynau er mwyn darganfod beth fyddwch chi'n wneud.

> *You will be doing five of these things in the* cylch meithrin *today. Mark them. Your partner will ask questions to discover what you will be doing.*
>> Fyddi di'n dawnsio?   Bydda/Na fydda

Gartre gyda'r plant

Wrth fynd i'r cylch meithrin, gofynnwch i'ch plentyn beth fydd e/hi'n wneud:

On the way to the cylch meithrin, ask your child what he/she will be doing:

Fyddi di'n chwarae yn y tywod?   Bydda/Na fydda

Mae hi'n bosib bydd rhaid i chi ofyn y cwestiynau a'u hateb eich hunan ar y dechrau.

It's possible you will have to ask the questions and answer them yourself at the beginning.

29.2 Amser gwely

yn y gwely	ar y silff	yn y cwpwrdd
dan y gwely	yn y fasged	yn y bocs
ar y cwpwrdd	ar y bocs	ar y fasged

Bydd tedi'n cysgu yn un o'r llefydd uchod. Penderfynwch ble ac ysgrifennu'r lle ar ddarn o bapur. Bydd eich partner yn gofyn cwestiynau i ddarganfod ble bydd tedi'n cysgu.

Teddy will be sleeping in one of the above places. Decide where and note the place on paper.
Your partner will ask questions to discover where teddy will be sleeping.

Fydd tedi'n cysgu yn y fasged?   Bydd/Na fydd

Gartre gyda'r plant

Os oes tedi arbennig gyda'ch plentyn sy'n cysgu yn y gwely fel arfer, chwaraewch gêm pan fydd y plentyn yn mynd i'r gwely. Rhowch y tedi rywle arall yn yr ystafell a gofyn:

If your child has a special teddy who usually sleeps with him or her in the bed, play a game when the child goes to bed. Put the teddy somewhere else in the room and ask:

Fydd tedi'n cysgu yn y bocs?   Na fydd

Symud tedi i rywle arall. / *Move teddy somewhere else.*

Fydd tedi'n cysgu dan y gwely?   Na fydd
Fydd tedi'n cysgu yn y cwpwrdd?   Na fydd

Symud tedi i'r gwely gyda'r plentyn. / *Move teddy to the bed with the child.*

Fydd tedi'n cysgu yn y gwely?   Bydd!

uned 30

30.1 Disgrifio cymeriadau

Mewn grwpiau o dri bydd pawb yn ei dro yn disgrifio cymeriad mae plant yn ei nabod (cymeriad mewn rhaglen deledu, cartŵn, ffilm, llyfr, comic). Bydd y lleill yn dyfalu pwy sy'n cael ei ddisgrifio.

In groups of three everyone will take turns to describe a character that children recognise (a character in a television programme, cartoon, film, book, comic). The others will guess who is being described.

Disgrifiwch olwg y cymeriad a beth mae e/hi'n gallu wneud a ddim yn gallu wneud.

Describe the character's appearance and what he/she can and cannot do.

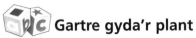 **Gartre gyda'r plant**

Wrth edrych ar lyfrau neu luniau gyda'r plant, chwaraewch yr un gêm, a disgrifio'r cymeriadau sy'n cael eu dangos.

When looking at books or pictures with the children, play the same game, describing the characters shown.

30.2 Edrych ar ffotograffau

Ymarfer gyda'r tiwtor

Ble o't ti?	*Where were you?*
Ro'n i yn Ibiza	*I was in Ibiza*

Mae'r tiwtor wedi gofyn i chi ddod â ffotograffau i'r dosbarth. Edrychwch ar ffotograffau eich partner, pwyntio a gofyn:

The tutor has asked you to bring photos to class. Look at your partner's photos, point and ask:

Ble o't ti yn y ffoto yna?

Ro'n i yn Llanberis

Newidiwch bartner nifer o weithiau. / *Change partners a number of times.*

 **Gartre gyda'r plant**

Edrychwch ar ffotograffau'r teulu gyda'r plant a gofyn:

Look at photos of the family with the children and ask:

Ble o't ti yn y ffoto yna?

30.3 Darllen llyfrau

Unwaith eto mae'r tiwtor wedi dod â llyfrau plant i mewn i'r dosbarth. Darllenwch i'ch partner. Peidiwch poeni os dych chi ddim yn deall pob gair. Bydd y tiwtor yn helpu gydag unrhyw eiriau anodd.

The tutor has once again brought in some children's books. Read to your partner. Don't worry if you don't understand every word. The tutor will help with any difficult words.

Gartre gyda'r plant

Ewch â'r plant i'r llyfrgell i edrych ar y llyfrau.
Dewiswch ychydig o lyfrau Cymraeg i'w darllen gyda nhw.

Take the children to the library to look at the books.
Choose a few Welsh books to read with them.

Cân
Tôn – 'Happy Birthday'

Penblwydd hapus i ti,
Penblwydd hapus i ti,
Penblwydd hapus i _____,
Penblwydd hapus i ti.

nodiadau